弹性养育

给孩子有界限的爱和规矩

刘汝兰◎著

中国妇女出版社

图书在版编目（CIP）数据

弹性养育：给孩子有界限的爱和规矩 / 刘汝兰著
. --北京：中国妇女出版社，2019.8
ISBN 978-7-5127-1729-9

Ⅰ.①弹… Ⅱ.①刘… Ⅲ.①儿童教育-家庭教育
Ⅳ.①G782

中国版本图书馆CIP数据核字（2019）第076713号

弹性养育——给孩子有界限的爱和规矩

作　　者：刘汝兰　著
责任编辑：陈　元
封面设计：尚世视觉
责任印制：王卫东
出版发行：中国妇女出版社
地　　址：北京市东城区史家胡同甲24号　　邮政编码：100010
电　　话：（010）65133160（发行部）　　65133161（邮购）
网　　址：www.womenbooks.cn
法律顾问：北京市道可特律师事务所
经　　销：各地新华书店
印　　刷：北京通州皇家印刷厂
开　　本：165×235　1/16
印　　张：16
字　　数：226千字
版　　次：2019年8月第1版
印　　次：2019年8月第1次
书　　号：ISBN 978-7-5127-1729-9
定　　价：49.80元

前言

当今的孩子生活在物质极其丰富的时代，但心理承受能力却越来越差，抗挫能力低下。在心理健康越来越受到关注的今天，怎样培养一个坚忍、乐观，有心理弹性的孩子，成了摆在父母和教育者面前的重要课题。

当我们迎来一个小小的新生命，便会本能地去爱他，用心地去呵护他。但是，随着孩子一天天长大，这样那样的问题接二连三地出现。这时，我们总不免要问：

怎样才能成为一个称职的家长？

什么样的爱才是最好的爱？

怎样把握“度”？

给孩子多少爱才恰到好处？

怎样做到爱而不娇，严而不苛？

怎么做才能既培养出坚忍、乐观的孩子，又能在养育孩子的过程中享受为人父母的幸福？

……

养育的理论五花八门，养育的方法和经验众说纷纭，可是，每个家庭都如此与众不同，每个孩子都是独一无二的，所以，养育孩子从来没有固定的公式可以套用。因此，我们总是担心和害怕自己做得不够好，动不动就感到焦虑。

要想培养有心理弹性的孩子，我认为，在养育孩子的过程中，父母需要采取弹性养育的方式和原则：真正地站在孩子的立场，想他所想，给孩子需要的爱，而不是父母认为的爱；给孩子设立开放又有弹性的规则，为他提供适度的自由和空间。

过度呵护，爱得没有边界，往往没有了规矩和原则；过度苛刻，处处设限，难免陷入规则与纪律的陷阱。对于孩子来说，过分的溺爱和刻板的规则一样，都可能会令他们感到窒息，无法自由地生长。

养育不应该是铁板一块，不应该是桎梏的铁锁和严密无缝的条条框框，也不应该是封闭的圆，它是有缺口的圆。它是敞开的窗。它是可以让孩子自由呼吸的爱。

作为父母，我们无疑需要在孩子的行为上给予正向引导，设定界限，但立规矩、讲原则的前提是，我们首先要接纳孩子的感受和情绪。感受没有对错之别，情绪没有好坏之分，我们应尽可能设身处地地理解孩子所有的感受和情绪，允许孩子表达他们所萌生的全部感受和情绪，这是对孩子最大的尊重。所以，父母不妨多与孩子共情，给孩子内心的需要以及时的回应，为他的心灵开一扇透气的窗。

我们常常害怕因为没有规矩，或没有严格地坚持原则，便会惯坏和溺爱孩子。但是，孩子的成长，过程如此漫长，其间会遇到很多坑坑洼洼，会经历很多冲突和矛盾，体验很多痛苦和挫折。作为父母，我们更需要理解孩子的困境，允许特殊和例外行为的偶尔发生。

父母如果能用系统论的眼光来看待养育过程，对待孩子的成长问题，就会轻松许多，不会有那么多的纠结和质疑：只要孩子成长的方向是正确的，只要发展的轨迹是正常的，他们偶尔的消极、停顿，偶尔的“出格”甚至暂时地偏离轨道，都可以被接受、理解和尊重。与之相联系的是，作为养育者，我们偶尔的破例和“不讲原则”，更人性，更科学，情商更高。

在养育儿子18年的过程中，我始终遵循弹性养育的原则，抓大放小，既有总的导向和大体把握，而面对突发的一些特殊情况，我会随机应变，接纳他当下爆发的种种消极情绪，理解他的困境，偶尔破破例，给他小小的惊喜，帮他渡过困难时刻。所以，当我们在商量制定规则时，都会预留出弹性的空间；儿子认为我给予他的爱，是他真正想要的爱。他觉得自己很幸运，也很快乐，而我也从内心深处享受着儿子的成长给我带来的美好、幸福的感觉。

儿子成长的经历证明，接受这样的弹性养育，他并没有被惯坏，反而在那有弹性的爱和自由中，他不仅学会了自律，还学会了应对生活中的危机时刻，建立起危机预案的心理机制，成为一个遇事不慌、乐观从容的孩子。

这本书中所有的故事都是真实的案例，但为了保护孩子和父母的隐私，我使用了化名。

Flexible Parenting

目 录

CHAPTER 01 养育，多一点儿个性

CHAPTER 02 思维，多一点儿开放

CHAPTER 03

情绪，多一点儿接纳

CHAPTER 04

学习，多一点儿娱乐

CHAPTER 05

潜能与兴趣，多一点儿折腾

CHAPTER 06 规则，多一点儿变通

CHAPTER 07 交流，多一点儿“示弱”

CHAPTER 08

成长，多一点儿淡定

CHAPTER 09

家庭，多一点儿温暖和爱

CHAPTER 01

养育，多一点儿个性

每个孩子都是独一无二的，犹如一颗充满奇迹的种子，携带着与生俱来的基因和独特的成长密码。父母只有尊重孩子的独特性，才可能让他顺其自然地发展其独有的潜能和特质，成为真正的自己。

01

育儿理论那么多，哪一种才是最好的

无疑，我们所处的时代，是一个非常注重亲子教育的时代。说到育儿，古今中外，各大流派，多如牛毛。

就拿现在最流行的几种育儿理论说吧，正面管教，深得人心，广泛深入；萨提亚的家庭治疗理论，圈粉无数……孩子的情商培养和心理健康教育也越来越受到重视。

在自媒体迅猛发展的时代，随处可以找到亲子教育相关的资源。

网上各种各样的书店，各种各样的家庭教育书籍，让人眼花缭乱。这可让初入育儿领域的新晋父母傻了眼，到底哪种理论最好呢？怎么从育儿书中选择和汲取正确、恰到好处的育儿理念？育儿书真的有用吗？选择什么样的育儿书才好？值得每一个妈妈思考和学习。

但是，不管理论多么高大上，别人认为多么有用，如果父母不用心消化，不用心化为实际的行动，终归融入不到自己的家庭教育中。

结婚七八年后，历尽千辛万苦，看遍了省内治不育不孕的名医，三十出头的率率妈终于怀上了率率，如愿以偿地当上了妈妈。来之不易的孩子，让率率妈和全家人从他出生的那一刻起，就特别地珍惜他、宝贝他。作为妈妈，率率妈更是全身心地投入到孩子的养育中。她订阅了不少育儿杂志，还在网上购买了大量亲子教育的书籍，稍稍有名一点儿的亲子教育类微信公众号她也一一关注。她不但认认真真地学习里面的育儿知识和育儿方法，自己觉得很不错的内容还用心地摘抄下来，密密麻麻地记了不少育儿笔记。她的目的只有一个，培养出一个优秀的率率。

在养育率率的过程中，率率妈以自己在书上和网上学到的育儿知识为模板，一招一式，都严格地按书上说的来。比如，她虽然极其疼爱孩子，但非常认可孩子不能溺爱这一点。为了培养独立、自主的率率，她坚持一个原则：自己的事情必须自己做。从上小学开始，她便硬着心肠让率率自己洗袜子、衣服，平时还让孩子帮着她做饭、洗碗。她也十分赞同“好习惯成就好人生”的道理，所以，特别注重率率各方面习惯的养成，睡觉前必须把脱下来的衣服叠得整整齐齐，并准备好第二天的衣服。学习上，有一条雷打不动的原则，那就是必须做完作业才能玩。她也特别相信“没有规矩，不成方圆”，一旦率率没按她的要求和规矩办，她就生怕溺爱了孩子，特别严厉，一定要让孩子按她的标准重来，而且动不动就拿“别人家的孩子”来做对比，想采用激将法激起他学习的动力。可是，没想到，儿子并未朝着她期待的方向发展。儿子自理能力是比一般的孩子强，但他有时不想自己洗衣服、袜子，会委屈地冒出一句：“别的孩子都不像我这样，什么事情都要自己做，你是不是我的亲妈？”而且，学习越来越不主动，妈妈不催他喊他，他就不做作业。她不叫他叠衣服，他就随手把衣服扔在床上……总之，所有的事情好像不是他的，而是妈妈的。妈妈推他一下，他就动一下。她念叨几句，他就反感，嫌她啰唆。好几次，为了一些鸡毛蒜皮的小事，率率还扯着嗓子，瞪着眼睛跟妈妈对着来呢。率率妈越来越觉得不对劲儿，感觉到率率根本没有向她想要的方向发展，而且亲子关系都闹僵了。

看了那么多育儿书，线上线下学了那么多育儿理论，为什么还会出现这种情况呢？率率妈不明白自己的问题到底出在哪里。

其实，育儿理论好不好，关键在于是否适合你家的孩子的个性，是否符合他的兴趣和爱好，能不能让他“燃”起来。

当然，首先还要看能不能被父母接受和消化。

率率妈广泛学习育儿理论和方法，好学的精神，值得点赞。其实，她看过的那些育儿理念本身没有错，她学到的那些育儿方法也没有错。只是，在学习某一种育儿理论时，一定要学懂弄透，要对理论有深入的了解和学习，掌握其精髓；不要似懂非懂，断章取义，误读理论，或片面地记住某一句话并奉为圭臬，那样不仅害了自己，更害了孩子。其次，每一种育儿方法都要因人而异，不能完全照搬照抄，因为每一个孩子都是不同的个体，每一个家庭都拥有自己独特的家庭系统，每对父母又有自己的个性、学识和经验等背景。

率率妈犯了一个错误，她一直考虑的是：我应该怎么去教育孩子，改变孩子。她所做的一切都是想要孩子按照自己的来，按照她学到的教育理论和方法去做。而且，她和许多父母一样，认为自己那么爱孩子，所做的一切都是为了孩子好！所以，她从没怀疑过自己的做法是不是错误的，爱的方式有没有问题。

每个孩子都是一个独立的生命个体，他一生下来就蕴含着强大的精神力量！每个孩子都是独一无二的，有他内在的成长规律！每个孩子的成长都需要爱与自由，需要理解和尊重！父母要无条件地爱孩子，全然地接纳孩子！给孩子时间和空间去成长，才能真正成就孩子。

专家或流行的育儿理论，给父母带来的帮助总是有限的，只有从孩子的个性和特点出发，从自己家庭的特色出发，从父母本身的背景出发，才能找到抚养和教育自己孩子最好的方式。所有“他人”——书本、专家、朋友，只能帮助你开阔眼界和视野，帮你找到更好的方法。

育儿是一个漫长而艰难的过程，要想帮助孩子更好地成为他自己，帮助他成长，父母自己要不断成长，既要多学、多听、多看，更要多想、多感悟、多总结。这样，才会摸索到最适合孩子的理念和方法，找到父母和孩子双赢的途径。

总之，理论再先进，方法再流行，只有适合自己孩子的，适合自己家庭的，才是最好的。

养育小贴士

科学育儿，是我们需要坚持的基本原则。

喜欢学习和阅读的父母，不妨选择一些有科学底蕴的育儿书，如关于大脑科学、儿童心理学等内容的书籍，它们更能科学、客观地指导我们的育儿实践。

02

孩子，你是独一无二的

“80后妈妈成最焦虑人群，超过90后和70后的妈妈。作为第一代独生子女，80后妈妈面临的压力已远超她们的父母。她们享受了6位长辈的宠爱而长大，如今她们正承载着最大的压力和焦虑。金融、互联网行业及全职妈妈成为焦虑妈妈密集区。”2018年5月，某都市报刊发了一篇文章《中国妈妈“焦虑指数”出炉，你是那个最焦虑的妈妈吗》，其中对最焦虑的人群的年龄和职业分布进行了分析。

心理学上这么解释：焦虑是一种与着急、忧虑、担心、紧张、害怕等感受交织而成的复杂的情绪反应。当然，它也是一种常见的情绪反应。

现实生活中，大部分80后妈妈都多多少少地体验过焦虑。至于焦虑的具体内容，幸福的家庭都是相似的，焦虑的家庭各有各的焦虑。

焦虑是怎么来的？根源何在？

常见的根源之一，是比出来的焦虑。大多数父母会下意识地去拿自己的孩子和别人家的孩子做比较。而且，他们总是用放大镜看别人家孩子的优点，用显微镜看自家孩子的缺点，所以，比来比去，最后的结果是别人家的孩子总是最好的。你看看别人家的孩子，成绩那么优秀，习惯那么好，能力那么强，样样不用父母操心，哪像你这么不争气，不省心……什么都要和别人家的孩子比，什么都是别人家的孩子好，处处事事都要和别人家的孩子比。比来比去，比出来的是自己无法抑制的焦虑感，比下去的是自家孩子的尊严和价值感。

这样的话语是多少父母脱口而出的口头禅？是多少父母挥之不去的焦虑的根源，又是多少孩子无法摆脱的自卑的根源？

一位小学老师加了我的微信，想让我指点一下她孩子写的作文。

这篇作文很有意思，题目叫《今天我是妈妈》。“为了让大家体验体验当爸爸或妈妈的感觉，星期五放学时，班主任李老师特意嘱咐我们这个周末要和爸爸或妈妈互换角色，当一天爸爸或妈妈。我听了，忧虑不已。但转念一想，我可以用‘妈妈’这个角色的特权，买那些我梦寐以求但总被妈妈阻止的赛尔号卡片，甚至还可以对妈妈‘指手画脚’，我就笑逐颜开了。所以，一回家，我就和妈妈约好了周六互换角色。”一开篇，孩子就绘声绘色地讲述了自己当妈妈的缘由，把自己前后的心理变化描写得淋漓尽致，一口气读下来，感到妙趣横生，真实又生动。

看完之后，我对这位老师说：“你的孩子作文写得不错，挺有趣的孩子。”

这位老师说：“好的，谢谢！他是个有思想的孩子，平时也幽默，常常逗得大家哈哈大笑，是公认的‘开心果’。同学们也挺喜欢他的，但是缺少点儿自信。”

我说：“哦，怎么会呢？你考虑过原因吗？”

这位老师说：“可能是我的教育方法存在问题。或许是我的期待过高。我总认为自己是当老师的，自己的孩子必须比别人优秀才行。一旦发现他在某些方面不如别人，我心里就会特别焦虑。”

我说：“哦，你觉得自己在哪些地方存在问题？”

这位老师说：“比如我不经意地喜欢拿他和别的孩子比较，比如他学习能力不错，但总是粗心大意，成绩就拔不了尖。我就喜欢唠叨，总拿他和那些细心的孩子比较，要他向他们学习。当他达不到我的要求时，我会责骂他，有时忍不住甚至会动手打他。久而久之，渐渐地，他的自信心就被磨灭掉了。”

我说：“啊，你确实不对！恕我直言。攀比，是导致焦虑的重要原因之一。而且这样做最伤害孩子了，难怪他不自信啊！”

这位老师说："是的。"

我说："我是这样跟我儿子讲的：'你就是你，妈妈接纳你身上所有的优点和缺点，你不要和别人比，做最好的自己就行。你就是你，独一无二的你。'"

这位老师说："我意识到自己的错误了，正在努力改变。但改变是痛苦的，也是艰难的。因为焦虑的心态难以一下子改变，以前的那些法子都用惯了，习惯性地会那样去做。我是应该像您一样无条件地接纳孩子。"

我说："你的孩子年龄还小，你赶紧改掉这些毛病吧，帮他树立和恢复起自信。到了初中、高中之后，孩子年龄大了，性格和心态基本定型了，那时再想要让他自信起来就更加困难了。记住，以后千万不要拿孩子的不足和别人的长处比。这样比不科学，容易让你焦虑，又容易伤害孩子。"

这位老师说："是啊。我正在改变中，让自己心态平和一些，也给他补一补心理营养。"

这是一位和我从未见过面的老师，但我们聊得十分坦诚。从我和她的聊天记录中，大家可以看到，她让自己陷入了一个比较的怪圈：常常拿孩子的不足和别的孩子的优点比，让自己处于焦虑之中，又把孩子的自信给比没了。好在她已经意识到了自己的错误，正在努力地改变自己错误的做法，相信她会更多地看到孩子的优点，接纳孩子的缺点，帮他慢慢地构建起自信。

这位妈妈本身是一位小学老师，按说是懂教育之道的，却犯了这样的错误。很多父母不懂教育学、心理学，想都不想一下，动不动就用这样不合理的比较法来进行比较，结果，让自己焦虑不堪，又直接抹杀了孩子的自信。当然，他们或许会说，他们的本意只是想用激将法来刺激自己的孩子，瞧，别人家的孩子这么厉害，你应该向他学习，却没想到这种比较法会让孩子对自己的评价一再降低，会给孩子造成这样的错觉："我真的很差，我真的比不上别人家的孩子。"久而久之，这样消极的评价会内化成孩子对自己的认识和评价："我真的不行，我真的很差。"

不妨告诉孩子："你就是你，你是独一无二的。爸爸妈妈接受你所有的优点和缺点，做你自己就好。"

养育小贴士

五大心理营养：无条件的接纳；此时此刻，我生命中你十分重要；安全感；肯定、赞美、认同；学习、认知、模范。

生命中的“五朵金花”：爱的能力、独立自主、联结、价值感和安全感。

如果心理营养充足，人生开放的第四朵花是价值感。

（《心理营养：林文采博士的亲子教育课》第42页，〔马来西亚〕林文采、伍娜著，上海社会科学院出版社，2016年版）

03

土豆怎能长成西红柿

在许多父母的眼里，别人家的孩子，才是完美的。

在大多数父母心里，渴望自家的孩子成为他们理想的模样，成为完美的小孩，成为全能冠军。

他们总是盯着别人家孩子的长处，羡慕不已；却拿显微镜看自己孩子的短处，遗憾不已。

如果把孩子当作植物，我们就会发现，每一种植物都有自己携带的基因，有自己不可复制的特性。

土豆长在地里，不言不语，默默地汲取养料，悄悄地积蓄能量，从米粒儿大，到黄豆大，到花生大，到圆滚滚的鸡蛋大。

西红柿挂在枝头，吸收阳光和雨露，从开花到结果，都那么热闹、张扬，花开得轰轰烈烈，果结得密密麻麻，唯恐世界不知道它的存在。

孩子也一样。有的孩子像极了土豆。不爱说话，低调内敛，沉静，但他们有独特的思想，有丰富的“小宇宙”，有强大的内在力量。

而有的孩子，像极了西红柿，爱说爱笑爱闹，爱表现，所到之处，都极力吸引他人的注意和兴趣。他们也许看起来乐观，心里却有着小忧伤。

如果你家的孩子是土豆型的气质，就不要费尽心思让他长成“西红柿”。要让孩子顺其天性，自然而然地生长。

葛进益和李希之是一起长大的发小。他俩同年同月出生，是一起长大的小伙伴。他俩的爸爸都在同一所大学当老师，两家就住前后楼，所以，两个人一起上幼儿园，一起上小学，上学放学形影不离。周末一起打游戏，建秘密基地，爬山，打球。两个小伙伴虽然玩儿得好，性格却大相径庭。葛同学活泼好动，自理能力强，胆子大，典型的“人来疯”，天不怕地不怕，玩耍起来只差“上房揭瓦”，无所不能，敏捷异常，极其活泼，却难得静下心来，坐不住，一跟他说学习啊做作业啊就像打蔫的茄子。李同学安静内敛，做起事来特别专注，可以坐在那里画一两个小时的画，哪怕小伙伴们就在边上吵闹，他也可以静静地看书，旁若无人；但他自理能力比较差，出门时胆子不够大，有点儿畏首畏尾，特别是不太爱运动。

因为性格和气质的特点，在学习上，李同学就高出葛同学一筹。葛同学的妈妈看在眼里，急在心里，总是说：“进进啊，你看看希希，学习多认真，多能坐得住。你们俩玩儿得这么好，你就不能向他学习学习吗？”葛同学虽然嘴上答应着，却根本没看到他有具体的行动。葛妈妈也想不明白，都说“近朱者赤，近墨者黑”，明明是一起长大的孩子，葛同学为什么没有受到李同学的影响呢？为了让葛同学能像李同学那样静得下心来，葛妈妈费尽心思，想了种种办法。比如，给他物质奖励。只要葛同学一次能安静地坐一个小时，就奖励他5元钱。刚开始，为了5元钱的“巨款”，葛同学还勉为其难地坐了几次。但后来就不和妈妈玩这种没意思的游戏了。物质刺激不起效，葛妈妈又换了其他的奖励办法，比如带他去爬山，去游乐场玩儿。效果还是不佳。再后来，葛妈妈又带他去学书法，练毛笔字，收效都不明显，他那调皮捣蛋不安分的性格，怎么都没法改变。到最后，她恨铁不成钢地说：“看来真是‘江山易改，本性难移’，我也拿他没办法了，随他去吧。”

葛同学虽然学习上不如李同学，别的方面却很优秀，比如善于和陌生人打交道，自己做饭，独自乘坐公交车上学等。最棒的是运动能力。一到学校运动会，学习中等的他就变成了学校和班级全明星似的人物。跑步、跳远、跳绳等，每一个运动项目都少不了他。这一点，让李同学的妈妈羡慕不已。因为运动正是李同学的短板。李同学的妈妈非常希望自己的孩子喜欢运动，至少有一样运动方面的爱好。她常常说：“学习差一点儿没关系，身体健康是第一的呀。”为了让李同学爱上运动，她也没少花心思。比如，专门制订强制性的运动计划，列上日程表；不惜花高价请一对一的教练教他打乒乓球；让李爸爸陪他跑步；让葛同学运动时叫上他一起……可是，即便被逼着学乒乓球、跑步，李同学的运动细胞好像天生不发达，他总是对运动提不起兴趣，就像葛同学没法静下来一样。李妈妈最后也心灰意冷，觉得在孩子天生的基因和气质前面，自己已无能为力。不过，让她感到欣慰的是，李同学在学习上如鱼得水，兴趣广泛，博览群书，思维极其活跃。慢慢地，她改变了一心一意将儿子塑造为“运动健将”的想法，不再刻意地将注意的焦点放在李同学的运动问题上，而是顺其自然，他想运动的时候就运动，不想运动也不强求。得到了自由的李同学，有了更多的时间来学习和画画，这两个方面变得更加出色了。

确实，孩子天生的气质不同，父母就要采取相应的养育方式。否则，父母可能费了很大的劲儿，但是南辕北辙，永远也达不到自己的目标，还不知不觉地摧残了孩子的天性。后天的学习和训练虽然重要，但是想靠它来改变孩子天生的气质，往往收效甚微，甚至适得其反——靠压抑孩子的天性获得的改变可能会给孩子留下永久的阴影，正如人造的盆景一样，造型虽美，却付出了自然生长的代价。如果父母能用心一点儿，仔细观察孩子的性格倾向，发现他的个性特征和气质类型，特别是发现他擅长的领域，并且顺其天性，因势利导，这样，父母培养孩子时会更轻松，孩子也容易获得成就感，获得肯定和认可，会更自信、快乐地成长。

养育小贴士

人的天生气质可以分为四大类型：乐天型、忧郁型、激进型、冷静型。其实，每个人身上都会具备以上四种气质，只是其中有一种在我们的性格中占比最大，因而显现为我们的主导气质。不过，这并不表示，拥有一种气质的人，必定拥有这种气质类型的所有优点和缺点，只是说拥有的倾向性比较高。毕竟，人的性格是由“天生气质”和“后天学习”两部分决定的。

（《心理营养：林文采博士的亲子教育课》第12～13页，〔马来西亚〕林文采、伍娜著，上海社会科学出版社，2016年版）

04

孩子喜欢文学，为啥偏要他学医

在孩子成长的过程中，有一些选择和决定非常重要，直接影响到他未来的人生。比如，填高考志愿的时候，面临的选择很多，父母会很迷茫，到底让孩子选什么样的专业呢？

所学专业的选择，可能直接关系到孩子今后的职业发展，关系到孩子未来的生活质量与幸福感。但是，一些父母常常会犯这样的错误：抱着为了孩子好的初衷，不从孩子的实际情况出发，不考虑孩子本人的意愿，而把自己的想法和愿望强加给孩子，为孩子规划好他们理想的职业，让孩子选择他们认为好的专业。结果，孩子的真实想法被抹杀，真正的愿望和梦想被忽略，自我潜能被压抑，自我价值得不到实现。亲子关系往往也因此而闹得不可开交，陷入僵局，两败俱伤。

关于职业的选择和规划，如果父母能把选择权交给孩子自己，或者在他们给出建设性意见时，能综合考虑孩子的特点，从孩子感兴趣和擅长的领域出发，孩子更容易获得成就感和职业幸福感。

跟一个久违的朋友见面，大学毕业后，她只身前往珠海工作，之后，杳无音信。

幸得现在网络发达，终于和她通过微信联系上了。

暑假，儿子高考完，老友带着他自驾回老家。我们二十几年没见面，终得一聚。共进午餐时，她带了她的两个侄女前来。老友让她俩自我介绍一下。第一个姑娘戴着眼镜，有点儿腼腆和拘谨，简单介绍了一下："我叫舒晓琳，28

岁，是小学老师。”她的介绍实实在在，也平平淡淡。第二个姑娘呢，明眸皓齿，白净的瓜子脸，上挑的眉毛，让整张脸显得充满生机。虽也是初次见面，却落落大方。比起第一位姑娘，她可要健谈得多。她微笑着介绍自己：“阿姨好，我叫陈洁嫣，是她的侄女。现在主要做健康管理和旅游管理。如果以后想出去旅游，或想做健康体检和养生之类的，都可以找我。”

她的介绍，不但把自己的工作特点介绍了出来，还不失幽默，惹得大家哈哈大笑，让餐桌上的氛围立刻活跃起来。

“你是学旅游管理的？”我下意识地问。

“不是的。”她摇摇头，一副神秘的样子。

老友便接过话头，笑着告诉我：“她大学是学医的，因为自己喜欢文学和旅游，毕业后就弃医从文，做起自己喜欢的工作啦。”

原来，他们一家是医学世家，她的爸爸妈妈都是医生，亲戚朋友中也有不少都在医学界工作，所以，当初考大学，父母便让她也学医，一来可以接过父母的衣钵；二来这年头找份好工作不容易，医生世家的背景，加上亲戚朋友同事等纵横交错的人脉资源，可以轻轻松松地帮她推荐一个不错的医院，找一份理想的工作。

“上高中的时候年龄小，胳膊拗不过大腿，没有那么大的力量反抗他们的安排。文理分科的时候，他们强烈反对我学文科，我只好选择了理科。虽然我的理科学得也不错，但付出了很大的努力。如果我学文科就会轻松多了，也许会考一个更好的大学呢。填高考志愿时，也只好屈服于他们的权威，听从了他们的安排。你们不知道，大学里学了整整五年的医学，我有多么难熬，光是背那些药名我就晕死啦。要是让我读中文系该多好，就可以读很多有意思的书。好不容易熬到大学毕业了，当我决定改行时，虽然我爸我妈极不情愿，又实在拿我没办法。他们看到我现在开开心心的，终于也认可了我的决定。他们现在终于明白了一点，做自己喜欢和擅长的事情很好，只要我快乐就好。”看到我迷惑不解的表情，陈洁嫣笑着主动跟我们解释起学医和改行的原因。

陈洁嫣从小便伶牙俐齿，性格活泼，喜欢“折腾”，喜欢挑战和变化的生活，而且特别爱读课外书。上初中后，她更是如醉如痴地迷上了文学，迷上了写诗，晚上还躲到被窝里偷偷地读大部头的名著。高三那么紧张，她还偷偷地写诗写小说，梦想有一天成为作家呢。她不仅口才一流，爱好演讲，还热衷旅游，梦想跑遍全世界。用她妈妈的话来形容："不切实际的家伙，整天生活在童话世界里，一脑子的浪漫，满心的不安分。"虽然上的是医科大学，学的是医学专业，但她也从没放弃阅读和写作。当她费尽周折，终于如愿以偿地改行干上了自己喜欢的旅游管理，她特别地投入，如鱼得水。她做的旅游广告，宣传语总是充满诗意还不失浪漫，引人入胜；她设计的旅游路线，总是别出心裁，让游客感到耳目一新；当她亲自带着团队外出旅游时，她幽默的讲解，总是让大伙觉得特别开心。她在这一件件的小事里，感受到了自己生活的价值，非常享受这样的感觉，每天都很快乐。

如果陈洁嫣的爸爸妈妈当年不强迫她学医，而是让她选择自己喜欢的文学或旅游专业，让她在自己擅长和喜欢的领域里发展，或许，她能更早地找到奋斗的目标，活得更有成就感，也会更轻松、更快乐。

养育小贴士

霍华德·加德纳是美国哈佛大学教授，当代最有影响力的发展心理学家和教育学家之一，被誉为"多元智能理论"之父。他认为个体身上存在着相对独立的、与特定的认知领域相联系的八种智能，分别是言语—语言智能、音乐—节奏智能、身体—动觉智能、逻辑—数理智能、视觉—空间智能、自知—自醒智能、交往—交流智能和自然观察智能。一个人的智能可能在某一方面更突出，另一方面却相对要弱一些。如果让孩子在自己擅长的智能领域内发展，他会更能发挥自己的特长和潜能，也更能享受到源源不断的快乐。

05

彼之蜜糖，汝之砒霜

父母都希望培养出优秀的孩子，比如学习成绩优异，能考上名牌大学等。如果自己没有坚定而清晰的教育理念，又缺乏教育的智慧与技巧，一旦自己感到迷茫，或被当下的教育主流所裹挟时，不知到底该怎样培养孩子，或遇到养育的瓶颈和难题时，就特别渴望有人能为自己指点迷津。

世界上有没有一部对所有人都适用的成功的养育宝典，翻一翻就能为自己解惑？别人家养育孩子的方法，别人家孩子的学习方法、成功途径，可不可以直接效仿？能不能将它复制过来？一些养育理念，某些人成功的方法，确实会给父母和孩子一定的启示，但是，如果完全照搬别人的理念和方法，而忽略了自己孩子的气质和个性，兴趣与爱好，具体的学习习惯和学科情况等，那些成功的方法可能会起到相反的效果。

对于英语的学习，彭亚典一直不太顺利，光背诵这一项就让他很烦恼，他不喜欢背诵。小学三年级的英语课很简单，一般一课也就是三个对话的句式。可是，他可能要花费至少半个小时背这三个句式。彭亚典的妈妈自己是“学霸”，英语学得扎实而出色。在她看来，英语是最容易学习的学科。这三个句式她用不了三分钟就可以背得滚瓜烂熟。所以，当她看到孩子花了半个小时还背得结结巴巴时，就生气了，嗓门不知不觉就高起来。妈妈的急躁加吼叫，更是让他对英语学习特别是背诵感到胆战心惊。

小学阶段的英语学习毕竟简单，虽然彭亚典从没上过英语培训班，稍加努力，考试的时候他还是保持了中等成绩。等他磕磕绊绊地进了初中，英语的学习便有点儿吃力了，平时考试很难考到A，一般在B和C之间摇摆。刚好这个时候，和他一起长大的小伙伴邹旭北参加了一个英语培训班。这个机构在学校附近小有名气，在广大陪读的妈妈群中口碑很好，采取的是小班制，一个班只有十几个学生，根据学生的学习基础进行分班。每个培训班都制订了相应的、详细周密的学习计划，老师也非常耐心、负责。邹旭北只学了一个学期，英语成绩便突飞猛进，基本上每次都能得A。而且，他很喜欢那种培训的模式，学得津津有味，乐此不疲。

一个周末，两个小伙伴在一起聊天，彭亚典听邹旭北说了他的英语培训感受之后，嚷着要妈妈也给他报名参加这个英语培训班。小学阶段，他和邹旭北的学习基础和学习成绩总是不相上下，他想，自己也参加一下培训，英语学习也许能赶上邹旭北。在彭亚典的坚持下，从来不主张给孩子报培训班的彭妈妈，为了不打击他主动学习的积极性，答应了他的要求，帮他报了和邹旭北同一个级别的小班。

没想到，虽然和邹旭北在同一个小班上课，但彭亚典的英语却不见长进。那个学期快结束的时候，只差三次课了，彭亚典却连课也不想去上了，还苦着脸向妈妈提出要求："老妈，你别让我再去上英语课了，我向你保证这次期末考试我会得A。"

彭妈妈觉得很奇怪，心想，当初可是你自己哭着喊着要去上课的，到这时却不肯去了，到底是怎么回事呢？她没有简单地指责他，而是心平气和地和他进行了交流。因为她一直相信在孩子做出一个决定的背后，肯定有他深层的原因。好在她平时和彭亚典的沟通顺畅，几乎无话不说。等她细细一问，彭亚典便说出了自己最大的苦恼。

英语学习班推行的一个做法，据说对很多孩子来说特别有效，也被老师和家长认可。那就是每次上课前，每个同学要把老师上次教过的单词全部默写出来，而且必须全对。如果有一个单词默写错了，下课后就要留堂，得一遍一遍地默写，直到百分百地过关才能放学。

邹旭北从小便是一个听话的乖孩子。凡是老师说的，他都会一丝不苟地去做。凡是老师布置的作业，他都会认认真真地完成。因此，英语培训班的这种方法和规则让他如鱼得水，强化性的学习和训练，也让他的英语学习进步神速。可是，彭亚典不擅长重复性记忆，这一直是他的短板。当时，他还没掌握发音规则，背单词对他来说是一件很痛苦的事情，无聊又枯燥。自从单词没过关被留过几次堂后，彭亚典便再也不想去上培训班了。

“为什么非得要用这样的方法记单词不可？别的方法就不行吗？我有我自己的学习方法和习惯，上培训班的目标不就是要得A吗？老妈，只要你答应我不再去上课，我保证期末考试英语一定得A。”彭亚典开诚布公地和妈妈谈判起来，也向她做了承诺。

一直反对填鸭式教育的妈妈，听说了彭亚典不想上课的真相之后，也相信他会用自己的方法学好英语，于是同意了他的要求。暂时叫停培训班，对彭亚典来说，不但没有产生负面影响，反而激发了主动学习的热情，采取自己喜欢的方式背单词，学习语法，接下来的英语期末考试，他真的说到做到，如愿以偿地得了A。

世界上没有两片相同的叶子，世界上也没有完全一样的孩子，哪怕是同卵双胞胎，他们的天赋和个性，以及具体的发展情况也不一样。彼之蜜糖，汝之砒霜，所以，父母不要简单地复制别人的方法，将其强加于自家的孩子；即便是自己家的方法，也不要将一个孩子的养育方法强加于另一个孩子的身上。养育孩子是一项漫长而艰巨的工程，父母要做好长期的心理准备，要精心地为自己的每一个孩子来一个“私人定制”，为他量身定制适合的教育方法。这样，父母才可能事半功倍地培养出优秀的孩子，孩子才可能真正地顺着自己内在的精神力量，发挥自己的优势潜能，更好地发展自己。

养育小贴士

因材施教，量体裁衣，是饱含经典的真理。

只有从自己孩子独特的个性和特点出发，因材施教，才能更好地培养孩子，引导孩子。

06

你是不是在培养“教室里的孩子”

过去的时代，培养一个孩子需要一个村庄，可是现在，在一些父母看来，培养孩子却只需要一个教室。从孩子很小的时候，就把他们送往各种各样的教室，如早教室、舞蹈室、琴房、培训班等，以为这是对孩子最好的培养。

殊不知，在教室里，孩子接触的是狭小的空间、人工的环境、单纯的知识灌输，孩子的身体活动受到各种各样的限制，孩子的各种感受器官缺乏刺激和锻炼。教室里培养出来的孩子，往往是“塑料孩子”“机器人孩子”，他们也许学富五车，却是“没有感受力的孩子”。他们漠视自然万物和日新月异的生活，对美好和幸福失去了感受的能力。长此以往，即使有一天他们步入名牌大学，也会对人生和未来失去兴趣，没有努力的目标，没有梦想和追求，成为“空心病”一族。

明天就是周六。

最让人高兴的是，夏之玮所在的学校这个周末放假，这就意味着他也有两天休息的时间。这对于一个上高一的学生来说，非常难得。

为此，夏之玮的妈妈早就兴致勃勃地查了周末的天气预报，结果不错，显示的都是晴天。

入春以来，连续好几个周末都是雨天，难得一见的晴天自然就很让人期待了。

“儿子，这个周末我们出去玩儿吧？去爬山还是去湿地公园？或者去植物园？春天的植物园最漂亮，各种花儿都开了。”周五，夏之玮一放学回家，妈妈就迎上去兴冲冲地对他说。

“不想去，有什么好看的。那些地方又不是没去过。”夏之玮表现得没有一点儿兴趣，给妈妈泼了一盆“冷水”。

“春天里景色不一样呢。你好久都没出去玩儿过了，难得有两天休息，我们一起出去走走，好好放松一下。”妈妈不想放弃这样的大好假期。

“明天再说吧。”大概是不忍扫妈妈的兴，最后，夏之玮懒洋洋地答应了。

周六一大早，天气果然晴好。在妈妈的再三请求下，夏之玮选了最近的公园，拖拖拉拉，极不情愿地和妈妈出了门。当然，条件是妈妈答应了让他玩手机里的游戏。

“儿子，你看，樱花开了！”夏之玮的妈妈一到公园，看到满树粉红的八重樱，心情就像花儿一样灿烂起来。

“哦——”夏之玮淡淡地应了一句。

“儿子，你看，这棵桃树的造型好奇特啊！”夏之玮的妈妈发现了路边的桃树。

“老妈，你能不能不这么大声，幼稚！”夏之玮妈妈的大嗓门显然引得边上的行人频频回头。夏之玮觉得很尴尬。

夏之玮妈妈看到他不悦的脸色，想起人家可是大男孩了，便不再大呼小叫，而是像以前一样，把单反相机递给他，让他去拍拍照片。夏之玮从小喜欢摄影，特别会选取拍照的角度。以前出来玩儿，每次随手一拍都能拍出一些让妈妈惊叹不已的照片。比如，一只躲在绿叶底下的小蚂蚱，一朵开在池塘里的粉色睡莲，有时，哪怕只是一根不起眼的木栏杆，他也能拍得美轮美奂。

“哎呀，你自己拍吧，我不想拍。”没想到，夏之玮没有欢天喜地地接过相机，倒是指了指妈妈的手机。

好吧，有了这些不快的小插曲，可以想象，夏之玮妈妈精心策划和期盼的踏青之旅，虎头蛇尾地结束了。

小时候，夏之玮是个爱玩儿的小家伙，一有空就溜到院子里四处游玩儿，和小伙伴捉迷藏、做游戏。一到周末就会缠着妈妈出去玩儿。他特别喜欢爬山、去公园，不管看到什么花儿，他都会好奇地凑过去闻一下。所以，尽管小学时他从未上过作文培训班，写出来的作文却是语言生动，充满灵气。

从什么时候开始，他不再喜欢去户外运动了呢？有多久的时间，他没亲近过大自然了呢？从什么时候开始，他变成了现在这个样子呢？一想到这些问题，夏之玮妈妈不由得猛然一惊，是啊，自从他上了初中，繁重的课业，做不完的家庭作业，他几乎一天到晚都待在学校里，窝在教室里。就是周末，因为不得不上的培训班，学琴、学画画等，也占用了他大部分的时间。他已经很难抽得出一天甚至半天的时间到公园里或山上撒野了。

至于寒暑假，也难得有休闲的时光。夏之玮的爸爸妈妈都是上班族，没时间陪他出去旅游，留在家里又担心他一门心思玩电脑，多半也是将他丢进培训机构。所以，令别人期待的寒暑假，对夏之玮而言，只是换了一个学习的地方，只是换了一个个不同的教室。

寒来暑往，不知不觉中，那个一天到晚在外面疯玩儿的孩子，俨然变成了一个一天到晚待在教室里的“小老头”，变成了一个被自然隔离起来的孩子，变成了一个对自然缺乏感受力的孩子。也许，由于自己急功近利，辛辛苦苦培养出来的只是一个“教室里的孩子”？夏之玮妈妈这么一想，不由得深思起来。

在快节奏的现代都市生活中，作为爸爸妈妈，很少有亲近自然的机会，慢节奏的生活对他们来说只是一种向往。对孩子来说，由于应试教育和残酷的竞争，父母根本没有耐心等待他们的成长，静待花开只是一个美好的梦想。

日常生活中，许多父母做着揠苗助长的事。早教班，从小学到中学的各类培训班，小升初、初升高所谓的预科班，有多少孩子在一个又一个的教室里，昂贵地打发着自己的童年和少年时光。不要输在起跑线上，毒害了多少父母，摧残了多少孩子。孩子本该慢慢成长的童年被大大地缩略，自由游戏的时间和空间被学习冠冕堂皇地占用，感受力被悄无声息地消磨掉了。

所以，爱孩子就带他去广阔的大自然吧，别用小小的教室束缚了他的身体和心灵。

养育小贴士

现在的儿童是网络时代的“原住民”，被称为“屏奴”。网络时代的父母要有意识地培养孩子的感受力。让孩子亲近大地，亲近森林，亲近田野，让孩子在广阔的自然中，尽情地张开双臂，感受风和阳光，全身心地拥抱自然，让他们的感觉器官得到充分的刺激。当自由自在地使用各种感觉器官时，他们才可能提升对细微事物的敏感力，对美好生活的感受力。这样，自然而然就能有效地治愈自然缺失症和感受缺失症。

07

培养孩子的第八种智能——自然观察智能

天空的云是什么形状的?

朝霞和晚霞是什么颜色的?

花开的时候会有声音吗?

青草是什么味道?

泥土会有香味吗?

树纹摸上去是什么感觉?

白腹的黑鸟叫什么名字?

……

问问现在的孩子，他们会对答如流吗?

他们可曾在某一个春天的早晨，蹲下身子关注匍匐在地上的那一片绿色的青苔?他们可曾在夏天的某一个夜晚，抬头仰望星空数一数那眨眼的星星?他们可曾在秋天的时候，走进树林，踏上厚厚的铺满落叶的小径倾听嚓嚓的脚步声?他们可曾在雪花飘飞的冬天，仰着脸蛋感受从天而降的雪花那沁心的凉意?

现在，许多孩子小小年纪便用纤细柔弱的手指，点击着电子屏幕，那是他们触手可及的玩具。他们从小便对电子产品和网络上了瘾。作为网络时代的“原住民”，被电子产品裹挟的孩子，感受力越来越差，对屏幕外的世界，对现实生活中活生生的一切，他们越来越没有兴趣。他们不再是大自然的孩子，不再是漫步林间的小孩，而是钢筋水泥森林里，被宅化的“小大人”。他们患上了自然缺失症。有一天，当你费尽心思带着孩子去户外，你渴望大自然的一切，带给孩子新鲜与惊喜。可是，他像一个木头人，像一个冷冰冰的机器人，脸上看不到你想要的兴奋。没有感觉的孩子，客观地说，越来越多。他们失去了对美好事物的感受能力，而这会大大降低他们的幸福感。

我看学生的习作时，这样的感觉特别强烈。班上的同学，一起去参加同一个活动，写出来的作文，有的感觉极其丰富，比喻信手拈来，新鲜又奇妙；有的却平淡无奇，记着“流水账”，没有让自己心动的感觉，没有发自内心的喜悦，也没有惊喜的发现。是的，就有这样的一些孩子，他们看不见美的事物，他们也感觉不到美的触动。

一个妈妈写了一篇文章《生活体验少得可怜的孩子》，其中就写到女儿的故事：

甜妞周五晚完成语文作业，背课本上的儿歌《说话》：

小溪流说话，哗哗。

小雨点说话，沙沙。

小鸽子说话，咕咕。

小鸭子说话，嘎嘎。

背到小鸽子和小鸭子的时候，甜妞总是忘记或弄混它们的叫声。我实在是不明白这象声词对应动物本来的声音，怎么能搞混呢？

后来我才记起，因为甜妞没见过小鸽子和毛茸茸的小鸭子，脑子里没有它们咕咕或嘎嘎叫着觅食的记忆。我们生活在农村时，虽说鸽子少见，但小鸭子是常见的，黄色的毛茸茸的小家伙，嘎嘎嘎地叫个不停。小鸽子的画面和叫声自然是在后来的电视剧里看到的。

为了加深甜妞的记忆，可以借助互联网上的相关资料，找找小鸽子和小鸭子的叫声，让她听听；然后找一些视频、图片资料，让她看看。

这件事之后，我在心里感叹，这孩子生活体验少得可怜，以后书本里提到的很多场景，特别是自然类，草木虫鸟，山湖河土，季节轮换，甚至传统习俗，恐怕是要费一番工夫才能有更深刻的体会了。

如此一来，作文能写出来吗？有话可写吗？

看来，不能光读万卷书，更要行万里路，生活在烟火气里才是真实的。

观察生活的细节，体验和经历是必不可少的。

确实，从小培养孩子的感受力，其重要性，无须多言。但是，对美好事物的感受力，这需要培养和训练，需要不断地接触美好事物，调动各种感官，全面敞开身心，感受事物的美好，需要与那些美好的事物发生心的连接。

对孩子来说，大自然就是天堂，是童话里的王国，是奇迹的诞生地，是千奇百怪的想象的诞生力。放孩子去自然里，不用教，他自然而然地会去观察，会去探索，会去发现。孩子的心总是为新鲜的一切而跳动。

所以，喜欢自然的孩子，亲近自然的孩子，他们写起作文来，毫不费劲，信手拈来，他们只需把自己看到的、闻到的、摸到的、感受到的，一一表达出来就可以了，就是一篇篇生动的作文。

一个5岁的小女孩和妈妈在小雨中逛公园，她的妈妈记下了她说出的感觉：

淋毛毛雨的感觉：细雨落在脸上像毛衣扎在脸上，落在头发上像面包上撒的糖霜。

摸铁杆有刺骨的感觉，再多摸一会儿就冷进骨髓了。

叶子上的雨珠像一颗颗宝石。嫩叶的味道淡淡的，好像里面还有空气没有净化完。

池塘里的黑天鹅，天鹅的头像“0”，长脖子像“2”。脖子是黑色的，嘴巴是红色的，嘴顶端有一条白色横杠，叫声咕咕，传得很远。

蝌蚪小小的，是黑色的，像豆子脱了皮，游起来像波浪线。

在这个妈妈记录的这些话语里，孩子的触觉、听觉、视觉、嗅觉，全都打开了。多么丰富细致的感受，多么生动和形象的描绘！这样的语句，是不是充满灵性，堪称优秀？

永远都难以忘记，当我第一次看到儿子写的《大自然的乐曲》时，我为其灵动的句子和鲜活的感觉所触动。我甚至在心里悄悄怀疑，这是他写的吗？随后我就相信了，因为儿子从小就在大自然里摸爬滚打，楼下花园就是他日日游戏的乐园，花园里的花花草草和昆虫们都是他熟悉和了解的朋友。

中国台湾作家三毛曾把孩子比作“橡皮人”，他们对自然界的一切没有感觉，也就无从说到兴趣。

治疗无感的橡皮人，大自然就是最好的疗养地，大自然也是最生动的教科书，它向每一个孩子敞开。每一片绿叶，每一座森林，都是诗意的源泉，是孩子开放感官最佳的去处。

放孩子去大自然。他们会在自然中发现许许多多的瑰宝，收获难以计数的快乐。他们的第八种智能——自然观察智能，对自然的细致敏锐的观察，各种微妙的感受，都会在阳光和清风中得到洗涤。

养育小贴士

自然观察智能，是指善于观察自然界中的各种事物，并对其进行辨识和分类的能力，被美国哈佛大学教授加德纳列入人类智能中的第八种智能。这种智能使人具有强烈的好奇心和求知欲，具有敏锐的观察能力，能了解各种事物的细微差别。

对孩子来说，自然观察智能是需要被重视、被开发的一项潜能。

CHAPTER 02
思维，多一点儿开放

不做“必须”父母，不命令孩子“必须”这样“必须”那样，不自作主张设定孩子的人生，剥夺孩子的选择权；努力成为“可能”父母，允许孩子出错和失败，给孩子足够多的选择和可能性，学会自主选择和决断，即成为思维开放的民主型父母。

01

100分的完美主义培养畸形的孩子

在养育孩子的漫长过程中，确实有许许多多可能让父母担心的问题。对于学龄期的孩子来说，父母的焦虑主要集中在学习方面。

焦虑从何而来?

一些父母，患有美国心理学家阿尔伯特·艾利斯所说的“必须强迫症”，他们抱着“绝对必须”的信念，不管孩子的个性特点和兴趣爱好如何，他们都绝对必须达到父母理想的目标，按照父母理想的模式去学习、生活。比如，他们希望孩子每时每刻、心无旁骛、聚精会神地努力学习，希望他们每分每秒都斗志昂扬，没有一丝一毫的消极情绪。不管是大考、小考或是周考、月考，期中考、期末考，只要是考试，孩子绝对必须得高分才完美，才会被他们认可和肯定。

青少年教育专家孙云晓说过：“分数第一的教育是烂漫童年和青春生命的祭坛。”事实上，分数第一且100分才完美的教育，正是一些父母焦虑的根源，也是亲子关系恶劣、孩子可能出现心理障碍的罪魁祸首。

“快来吃早餐！”一早在厨房忙碌的心欣妈，对着卧室大声呼唤宝贝女儿心欣。

“来啦。”心欣像小燕子一样飞奔到餐桌前。

“咦，妈妈，今天的早餐怎么没有牛奶和面包？”心欣一看桌上的早餐就噘起了小嘴，一副“本小主不满意”的神情。

“宝贝，明天妈妈再给你买你喜欢吃的牛角面包。你仔细看看，一根油条两个鸡蛋，像什么呀？”心欣的反应在妈妈的意料之中，所以她不急不恼地说。

“不就是拼成100分！我看过这样的图片。”心欣没好气地回了妈妈一句。

“对呀，今天不是期末考试嘛。妈妈希望你语文、数学两门都得100分，所以给你准备了油条和鸡蛋呀。这样，过春节回外婆家的时候，我们就可以告诉外公外婆舅舅阿姨，咱们心欣最厉害了，语文、数学都得了100分呢。说不定啊，外婆会给你一个大大的红包，还会自豪地告诉咱们家所有的亲戚呢。舅舅肯定会奖给你新玩具，阿姨一定会给你买漂亮的新衣服。爸爸妈妈也为你准备了神秘大奖呢！”

“嘿嘿——”听到妈妈这么说，心欣便高兴起来，开始剥鸡蛋，平时，她很讨厌吃煮鸡蛋。

“心欣，记住考试的时候，一定要细心哦，语文、数学都必须得100分！”心欣妈认真地叮嘱女儿。

“好啦，妈妈，我记住了，细心，细心，细心。昨天老师也说了，希望我们班每个同学都能得双百分呢。”心欣点了点头。

“嗯，100分才厉害！我相信心欣是最棒的。”心欣妈竖起大拇指说。

那天下午放学，心欣妈去接心欣。要放寒假了，想起不用每天接送她上学，心欣妈如释重负，满心欢喜。可是，一到校门口，心欣妈远远地看着心欣，却觉得有点儿不对劲儿，她没有像平时那样活蹦乱跳地跑过来，而是一步一挪地走过来，板着一张小脸。

“怎么啦，宝贝？”心欣一坐上车，心欣妈便忍不住问道。

“哇——”心欣妈话音刚落，心欣便大哭起来。

“到底怎么啦？”女儿的厉声哭泣，让心欣妈措手不及，一脚踩了个急刹车。她赶紧把车停在路边，回过头问心欣。

“妈妈，我，我，我的数学只得了99分！呜呜呜，今天考试前，我跟同桌的舒小铁说，我一定要得双百分。结果，刚刚老师在班上报了数学分数，我只得了99分。舒小铁得了100分。他笑话我，说我吹牛皮，说我是‘牛皮大王’……”心欣抽抽搭搭地边哭边说，心欣妈总算听明白了。

“哦，妈妈知道了，别难过啦。不要紧，这次我们没得100分，下次再得100分就是了！”心欣妈脱口而出。说实话，心欣妈虽然觉得得99分确实很遗憾，但是心欣哭得那么伤心，她实在不忍心再批评心欣。

被妈妈安抚之后，心欣终于安静下来。心欣妈发动车子继续前行。心欣妈心里突然想：是不是因为自己总是对心欣说要得100分，所以，心欣才特别在乎分数，太在乎结果，才哭得那么伤心？100分真的有那么重要吗？少一分又怎么样？是孩子的身心健康重要还是分数重要？如果得不了100分就哭成这样，以后，再遇到别的挫折，她除了哭，除了自我否定，还会怎么处理？这么一想，心欣妈突然觉得，与孩子坚忍的性格、乐观的心态相比，那区区一分算得了什么呢？

如果父母给孩子灌输这样的思想：考试一定要得100分。只有得100分，你才是优秀学生，你才厉害！否则，就是全盘否定。一旦孩子接受了这样的评价，并以此为标准，内化为他自我评价的唯一标准，久而久之，他就会形成这样的价值观和自我评价：“如果没得100分，我就不完美，不厉害，不值得别人肯定。我就是没用的孩子，我就是差生，就没有人会喜欢我，爸爸妈妈可能不爱我了，同学可能会嫌弃我，不和我玩儿了。”他就会害怕、担心成绩不好，就会以成绩为唯一的评价标准，自然就会特别在意分数，在意考试结果。所以，有的孩子平时做作业一个题都不会错，一个错误都不会犯，一到考试就会出错，因为他害怕自己考不了满分，害怕自己得不到老师、父母和同学的认可和肯定。他把自己的注意力聚焦在了其他人对自己的评价上，而没有意识到在面对错误时，自己会进步、会成长。

这样的孩子就成了为别人而活的孩子，他会忽略自己的感受，忘记了为什么要学习的初心。他所有的努力，就是为了获得别人的关注、肯定和认可。也许，他终其一生都会缺乏存在感，活在别人的评价里。

养育小贴士

完美主义是父母焦虑的根源、亲子关系恶化的元凶，莫让自己成为“空心病”的推手。

追求完美主义的父母，不允许孩子出任何差错。在完美主义的高压下，孩子也会染上完美主义的“毒”，凡事追求完美，不允许自己出半点儿错误。

完美主义摧残下的孩子，往往具有畸形的人格。最典型的特征就是总是否定自己，对自己百般不满意，觉得自己不够完美，做得不够好，永远在寻求父母、老师及他人的肯定。

02

笨笨的“学霸”——你是不是在剥夺孩子成长的机会

上小学了，还需要爸爸妈妈或爷爷奶奶追着喂饭；

上初中了，还不会自己整理书包；

上高中了，还不会自己洗袜子……

在我们的周围，可能就在你我的家里，这样的孩子比比皆是。

是谁的错？

是谁剥夺了孩子锻炼和成长的机会？

是谁给了他心安理得偷懒的条件？

是谁让他觉得自己很笨，什么都不会？

是谁让他变成了不堪一击的“蛋壳男孩”或“蛋壳女孩”？

自然是孩子的养育者，那些自诩最爱孩子的人。

10岁的何浩鹏是全家的心肝宝贝，从他出生起，爷爷奶奶就跟他们一起住。平时，爸爸妈妈早出晚归忙工作，爷爷奶奶负责照顾他的生活起居。

“宝宝，你只负责学习，其他的事情你都不要管，我们来。”这是爷爷奶奶的口头禅，所以，从小到大，除了学习和玩耍，他别的事都没做过。因为，他实在也没有什么机会去做。比如，他想吃水果，奶奶立马会洗好削好送给他。他要洗澡，奶奶早就帮他调好洗澡水的温度，准备好换洗的衣服、袜子和浴巾。做作业时，爷爷会耐心地帮他整理书包，按第二天的课表准备好书本。去学校上学，爷爷负责接送，风雨无阻。周末学琴，爸爸或妈妈接送。当然，浩鹏的学习也是不负众望，成绩棒棒的，每次都是班上第一名或第二名。小提琴已过了八级，参加过几次大型表演。画也画得不错，在学校和市里得过不少大奖呢。一家人都以他为傲。浩鹏在别的家长眼里，就是典型的别人家的孩子，学习好，多才多艺，有礼貌，没有坏习惯。

浩鹏也习惯了这样被全方位照顾的生活，从来没有觉得有什么不对的地方。直到寒假，班上组织同学们一起去博物馆参观。这一天，他才觉得自己像个另类，突然发现自己好像是全世界最不能干的人。别的同学有的是一个人坐公交或地铁来的，浩鹏是在爷爷的“护送”下赶到博物馆的。其他同学连包都没背，他却背了一个大背包，里面塞满了水和面包，还有奶奶亲自做的寿司和几样他喜欢吃的水果，甚至还有备用的衣服（奶奶总是怕他冷了）。他很奇怪地问同学：“你们午饭吃什么呀？怎么什么都没带呀？”同学回答：“我们带了钱呀，等会儿想吃什么就买什么吃呗。”倒是看到浩鹏背了一个大背包，大家都像看怪物似的看着他，笑话他：“你是准备去哪个遥远的地方长途旅行吗？”往博物馆入口走的时候，浩鹏想和同学一起去参观，爷爷却一直跟在他们后面，还一定要帮他背着背包，惹得同学们都拿异样的眼神看着他，然而都会心地一笑，让他觉得有点儿尴尬。众目睽睽之下，浩鹏觉得不好意思，非让爷爷先回家不可。看他真的不高兴了，爷爷才千叮咛万嘱咐地走了。

在博物馆参观时，浩鹏的手机基本上没停过，爷爷奶奶和爸爸妈妈四个人轮流给他打电话，问的都是同样的问题：“浩鹏，你现在在哪里，是和同学们在一起吗？肚子饿了吗？博物馆里的空调冷不冷？不要走散了，要注意安全啊。手机千万不要丢了啊，如果有任何问题，给我们打电话啊。”一遍遍地回答同样的问题，让浩鹏突然觉得有点儿烦。他想，自己确实是第一次离开爷爷奶奶和爸爸妈妈，出来单独和同学们玩儿，但自己都这么大了，难不成还会在博物馆里把自己弄丢吗？难道饿了不知道吃东西，冷了不会添衣服吗？他突然觉得爷爷奶奶和爸爸妈妈担心过度了。

博物馆展馆类别多，展品极其丰富，让浩鹏和同学们大开眼界，大家都玩儿得兴致勃勃的。准备回家时，同学们就已经商量好：哪几个同学住在一块儿，可以一起叫出租车，费用AA制。哪几个同学家离地铁站比较近，可以一起去坐地铁，因为坐地铁不用担心堵车，方便又快捷。浩鹏从来没坐过地铁，他也很想跟着同学一起去坐坐地铁体验一下。可是一出门，妈妈正在翘首期盼，告诉他爸爸已开车在路边等他们了……

浩鹏头一次觉得自己又笨又傻，特别没用，像个没长大的小宝宝，离开了爸爸妈妈和爷爷奶奶，自己好像什么都不会。他头一次有点儿厌烦他们这样过度地保护他，过度地担心他，不给他一次锻炼的机会和可能。而最爱他的四个大人，似乎根本没有意识到这个问题。

像何浩鹏这样的孩子，比比皆是。家里的大人往往负责把一切都安排、料理得井井有条、妥妥当当，让孩子过着“衣来伸手，饭来张口”的生活。大人以为这样事无巨细的全方位安排，便是给了孩子最好的爱；以为无微不至的照料便是爱到了极致，便是给了孩子最好的爱。

其实，孩子自从出生的那天开始，便成为一个独立的个体。他确实需要父母和长辈的爱，那是他健康成长的根基。但他就像一棵小树，还需要自己去吸收阳光雨露，才能舒枝展叶，长成参天大树。孩子也需要自己去面对整个世界，去施展稚嫩的手脚，去亲自体验和探索，才能独立地成长为他自己。

他所有的一切行动，他的摸爬滚打，他经受的失败和挫折，他对这个世界的一切探索行动，其实都是在致力于自己身心的成长。

所以，父母和爷爷奶奶全身心的爱，其实一直以来是在以爱的名义剥夺孩子成长的机会。毫不夸张地说，你们的无微不至，对正在一天天长大的孩子来说，其实有很多不利影响。

试着让他独自一人去体验丰富多彩的生活，比如，坐公交挤地铁，去菜市场讨价还价，去厨房做饭炒菜，亲手搓洗衣服袜子，独立完成家庭作业……

从孩子出生开始，爱他、呵护他，但适时地放开手，给他自由的时间和空间，给他体验和尝试的机会，去经受挫折，去学会承担和面对，这样，才可能把孩子自我成长的机会归还给他，让他做自己的主人，他才可能成长为自信、独立的孩子。

养育小贴士

蒙台梭利说过，成人喜欢采用“最大效益原则”，以便在最短的时间内达到他的目的。因此，他们常常出手去帮孩子做本该他们慢慢学会做的事，从而剥夺了他们成长的机会和可能。

03

允许孩子多种成长的可能

孩子长大了干什么？也许，从孩子呱呱坠地的那一天起，不少父母就开始规划孩子的人生，谋划或设定孩子未来的职业了。

他们的规划一般有几种情况：按照成人理想的职业来设定；或将他们未实现的梦想转移给孩子；或根据自己现有的社会资源、人脉关系进行规划。

大体来说，父母都希望孩子能成为社会精英，有一份理想的职业，最好钱多事少离家近，还能出人头地，过上体面风光的生活。

他们在规划孩子的未来时，关键看是否符合世俗的功利标准和价值观，想得最多的往往是“别人”，在意的是别人会怎么看，在乎的是别人的眼光。对于孩子内心的梦想和需求，他是否能实现自我，成为最好的自己，倒并不在乎。

罗昊妈参加完一年级的家长会回来，感慨良多。

其中有一个环节，老师问孩子们的梦想是什么。教室里马上像小鸟在开演唱会，一个个童声稚气地回答开了。有的小朋友说想当画家，有的说想当法官，有的说想当警察，有的说想像爸爸一样当工程师，还有个虎头虎脑的男孩，手举得高高的，声音格外洪亮，说：“我长大了要当消防员，开着消防车，好神气呀！”这些孩子们的回答，无一不赢得了家长们的赞许。每一个孩子说完，家长们就拼命地鼓掌，自家的爸爸妈妈还会自豪地竖起大拇指表扬孩子。

罗昊的梦想是成为汽车设计师，他的回答，在妈妈的意料之中，因为他太喜欢汽车了。最后回答的是小亚，小亚是他们的邻居，也是和罗昊一起长大的玩伴和好朋友。胖嘟嘟的他生怕大家看不到他，站起来，踮起脚，举起手，满脸兴奋地回答：“老师，我长大了想当一个厨师，大饭店的那种厨师，戴着白色尖顶厨师帽的那种。”正准备鼓掌的家长们先是一愣，然后才报以稀稀落落的掌声。罗昊妈明显地感觉到了小亚妈的尴尬，坐在旁边的她听到儿子的回答，似乎出乎意料，脸上好不容易挤出了一丝笑容，却分明比哭还要难看，罗昊妈能感觉到她的失落和不好意思。她有点儿生气地说：“瞧我们家小亚这个吃货，一天到晚吃啊吃，就只会吃。就这点儿出息，三个字不离他的本行——吃！”

罗昊妈安慰道：“只要他自己喜欢就好！”可是，在小亚妈面前，她觉得自己的语言像天上飘过的浮云，苍白无力。

罗昊妈知道，小亚妈之所以感到尴尬，是因为小亚的梦想远远低于她对他的期望。小亚妈自己只是一个超市的营业员，她没有上过正规的大学，她对小亚寄予了厚望，她多么希望他能考上名牌大学，成为一名社会精英。可是，他的梦想却偏偏是一个厨师。

罗昊妈看着小亚长大，她知道小亚不但喜欢美食，也对做美食很感兴趣。有一次，罗昊妈去小区楼下买早餐，发现小亚站在杂粮煎饼的摊位前，目不转睛地看着老板行云流水一般地舀面，摊面，打鸡蛋，将煎饼对折，加馅……他简直像在看魔术一样看得津津有味，极其投入，甚至都没看到罗昊妈。他一边看一边问：“叔叔，这面粉里面加了什么呀？”“叔叔，这馅是什么做的呀？”“叔叔，你们的酱怎么这么好吃呀？”……问得煎饼大叔都乐了：“小朋友，你咋这么多问题呢？要不要我收你当徒弟呀？”

平常和小亚妈聊天时，罗昊妈也了解到，平时小亚在家里，也很喜欢和奶奶待在厨房。和奶奶一起学着包饺子、做蛋糕，做各种各样的菜式，他觉得快乐无比。他觉得做每一种食物，做每一道菜肴，简直就像在变魔法。他特别享受这种将普通食材变成美食的过程。第一次包饺子时，他做了一盘小车形状的饺子，特别有成就感。

罗昊妈甚至觉得，小亚对美食这么感兴趣，说不定他将来真的会成为一流的大厨。当然，小亚还这么小，他的人生才起步，他的成长有无数种可能，也许会成为他妈妈期望的工程师、大学教授、科学家，也有可能成为普通的劳动者，总之，他有无限的可能。但是，想当厨师也未尝不可呀。

每个孩子都有他的独特之处，都有迥异于他人的潜能和潜质，都有他感兴趣的事物，有他擅长的领域，父母没必要先入为主地帮他设定未来的人生，他自己的人生得由他来选择和担当。父母早早地按自己的想法来规划孩子的职业，更是荒谬可笑。因为，孩子未来的生活有种种的可能，为他设定单一的职业规划，其实就是限制了他自由选择的可能，限制了他发展的方向。父母更要关心的，是怎样为孩子提供适合他成长的环境，怎么发现孩子的兴趣，挖掘他的特长和潜能，因势利导，让他成为最好的自己。父母要扮演的不是孩子人生的操控者，而是帮助者。

再说，教育的最终目的，并不仅是让孩子上一个好的大学，找一份体面的工作，而是让他成为一个身心健全的人，一个拥有生存能力、能适应社会的人，能创造幸福、感受幸福的人。让孩子起码能够学会生存，立足社会，实现自我的价值。更重要的是，不管在什么样的岗位，只要孩子能找到自我认同感，能获得成就感，他的自我价值得到了实现，他就会收获人生的幸福。

养育小贴士

萨提亚在她的《新家庭如何塑造人》中劝告父母："我们每个人都像是一粒没有任何标记的种子，播种之后我们要等待，看看它长成什么样子。一旦种子发芽了，我们就要了解其需要，记住它的样子，弄明白它如何才会开花等问题……也许做父母的面临的最大挑战就是要真心诚意地培育这粒种子，然后等着它结出果实。我们切记不要对孩子该成为什么样的人有先入之见，我们必须接受这样一个事实，那就是每株植物本身都是独特的。孩子和父母以及其他人会有相似之处也会有所不同。这样父母就会成为发现者、探索者和侦察者，而不是评判家或塑造家。父母需要花时间耐心地观察，来逐渐了解这个新生的珍宝。"

04

你是否为孩子的成长提供了充分的可能

我们常常鼓励孩子去努力实现自己的梦想，说："海阔凭鱼跃，天高任鸟飞。"可是，在现实生活中，不少父母拿放大镜看别人家孩子的优点，拿显微镜看自己孩子的优点，对孩子没有欣赏、鼓励和正面强化，而是无意识地否定、打击孩子，甚至全盘否定孩子。如果孩子尝试着去做什么事情，也许想法刚刚冒出来，父母首先便是泼冷水，百般阻挠，认为孩子什么都做不好，连尝试的机会都给剥夺了。父母本来是孩子最信赖的人，是他们精神力量的源泉，也是他们最初的评价者。如果他们总是否定和压抑孩子，剥夺孩子发展的机会和可能，不让孩子去尝试想做的事，去追寻自己的梦想，那么他们就是在为孩子设限，阻碍他们的成长；父母种种否定的评价和消极的暗示也会内化成孩子的自卑和怯弱，就好比为孩子盖了一个无形的盖子，让孩子无法自由地腾跃，无法自由地飞翔。

几年前，我在考心理咨询师上培训课的时候，结识了一位忘年交——我的同班同学清清，一个扎着马尾辫的小护士，长圆脸，眉眼开阔，一个开朗活泼，像向日葵一样清新的女孩。

一次课后聊天，我得知自己竟然和她妈妈同岁。

我和清清虽然年龄差距大，却一见如故。

后来，我和她又一起报了亲子教育精英讲师班的课。周末上课的时间，一到中午，我俩就结伴去吃中餐。大多时候，她的嘴巴不会停，像小麻雀一样叽叽喳喳地说呀笑呀。几乎每次都是她欢快地说，我面带微笑愉快地听，像一个妈妈怜爱地看着女儿。

有一次上课，老师说到父母对孩子的影响，说到有些父母总是否定孩子，不允许自己的孩子有负面情绪。清清有感而发，毫不讳言地对我说：“我爸爸就是这种人。从小他就老是打击我。我小时候，像男孩子一样调皮，不太爱学习。也许是他自己教的学生太优秀了，只要我有数学题不会做，爸爸就大为光火，动不动就对我大呼小叫，质问我怎么这么简单的题目都不会做。然后，他开始上升到人身攻击，说：‘你怎么这么笨，你这么不会读书，以后怎么在社会上生存？’”

清清的爸爸不但认为她学习不好，以后不会有出息。而且从来不隐晦自己对她的轻视和否定，似乎从来没考虑过他的话对女儿会有什么不良的影响。

初中毕业时，清清本来兴冲冲地想报考一所她梦想的名校，可是，当她一说出这样的想法时，马上被爸爸毫不留情地否定了：“就你这样的学习成绩和学习能力，还想上名校，别做梦了。”妈妈也没站在她这一边，反而同意爸爸的观点，来劝她：“你学习也就这样，反正也不是事业型的女孩，还是上个中专吧，早点儿出来工作，能养活你自己就行，我们对你没抱什么太大的期望。”

十四五岁的小女孩，没有太大的能力反抗父母，清清便无奈地接受了这样的安排。

就是父母对清清的评价和对她未来的设定，早早地给她设了限，使她无法跳出这个无形的“盖子”。她就这样稀里糊涂早早地上了一所普通的卫校。

好在，清清从自己的成长中，体会到爸爸小时候的否定对自己的影响，体会到自己被设限的人生滋味。当她中专毕业参加工作之后，她觉得自己长大了，可以给自己做主了，就在工作之余，抽出一切可能的时间，开始学习自己喜欢的心理学。她工作的地方在南城的偏远之地，上课的地方在北城。有时，她值完晚班，一早得花两个小时赶过来上课。她勤奋好学，努力去实现自己的梦想。“我现在就是要做我自己想做的事情，去实现自己的梦想。我还这么年轻，只要努力，还有的是机会。”她笑吟吟地告诉我。

成人之后，还有足够的勇气、力量和决心去顶开父母为自己设定的“盖子”，为自己的未来努力，清清的勇气可嘉。

真心地祝福她。

自信是成功的重要因素。孩子的自信来自父母全然的接纳、肯定和欣赏，来自他不断获得的成就感和价值感。父母是孩子的第一任老师，在养育过程中，要注意用欣赏和激励的方法，看到孩子的长处和优点；更要给孩子自由成长的空间，为他提供尽可能多的发展机会和可能，鼓励孩子去勇敢尝试；要想方设法帮助孩子树立起信心，构建自信、乐观的心理，让他在鼓励与自信中成长。父母要成为孩子成长路上的“加油站”，而不能成为阻碍其成长的“玻璃杯盖”。父母要尽可能地为孩子提供身心和谐发展的空间，多给孩子一些肯定和接纳，帮助和引导，少一些否定和打击；多一些交流和沟通，少一些隔膜和障碍，让孩子在充满自由和尊重的家庭氛围中，自信、乐观、健康地成长。

养育小贴士

心理学上，有一个很有名的“跳蚤实验”。

一个行为心理学家制作了一个高度适宜的玻璃缸，将一只跳蚤放进去。第一天，玻璃缸没有盖盖子，跳蚤每一次都很轻易地跳出缸外。第二天，心理学家在玻璃缸上盖上了玻璃盖子，跳蚤每次一跳起就会撞在盖子上。也许是被撞痛的原因，随后，跳蚤的起跳高度一次比一次降低了。第三天，心理学家再次将跳蚤放进同一玻璃缸内，并将玻璃盖子拿掉，跳蚤还是跳个不停，但每次跳起的高度都没有超过预留缺口的高度，它再也跳不出缸外了。

这个实验用在家庭教育中说明，父母给孩子的成长设限，十分不利于孩子今后的发展。正确的做法是，将成功的动力赋予孩子，让孩子的成长具有更多可能。

05

让孩子爱上一种运动

大脑科学证明，越运动越聪明。

为人父母，如果培养孩子时，真的能做到“文明其精神，野蛮其体魄”，则更有利孩子的全面发展。

对于孩子，他们的世界里不应该只有课本和学习，还应有更广阔的空间。运动会让身体更强健，让大脑更聪明，让学习更高效，让心情更愉快，让心理更阳光。

“没有什么经验，我们好像也没做什么。学习上的事我从来不管她，从小到大，我就只做了一件事——带她运动。”碰到每一个向他祝贺的人，刘昕爸都是同样的答案。

高考成绩一出来，学文科的刘昕考了660多分，是学校当年参加高考的孩子中分数最高的。一时间，路上，办公楼，同事们、邻居们一碰到刘昕爸就会恭喜他，有孩子还在上小学或中学的，便会笑着向他“取经”。

是的，虽然刘昕爸是大学老师，做理论研究出身，但对于女儿刘昕的教育，刘昕爸似乎从来没有提到过教育理念、培养目标，从不喜欢高谈阔论。

刘昕从小到大，刘昕爸唯一坚持做的一件事——让刘昕爱上运动，养成运动的好习惯。具体来说，就是让她学会了打乒乓球，并且爱上了打乒乓球。

开始学乒乓球，是在刘昕上小学三年级的时候。那时候，刘昕的小伙伴们，有不少开始报奥数培训班、作文培训班和英语培训班。一到周末，他们成群结队地提着培训班发的材料袋出入各种培训班。

自然也有小伙伴来约刘昕一起去。看到来势汹汹的培训潮，刘昕妈有点儿招架不住，于是和刘昕爸商量："别的小朋友都去上培训班了，报了两三个呢。咱家昕昕是不是也要去报一个呢？"

"报什么培训班，没必要。你要是实在不踏实，我们就给昕昕报一个乒乓球培训班吧。教练我也认识，就是体育系的张老师，听说他也带小学生呢。就在学校里，挺方便。"看到刘昕妈忧心忡忡的模样，刘昕爸想出了一个两全之计。

"我不会打乒乓球，这事就交给你了。"刘昕妈听说要女儿上乒乓球培训班，开始觉得好像跟别人报的不是那么一回事，但转念一想，也行，至少学了特长，还锻炼了身体，便也同意了。

刘昕爸是一所大学的老师。刘昕家就住在大学校园里，自然有着得天独厚的锻炼条件，有宽敞的足球场和篮球场。学校的体育馆就在家门口，走几分钟就到了，乒乓球教练也是专业的体育老师。

万事开头难。刘昕开始学习乒乓球，练的都是基本动作，接球、发球；练握拍的姿势；练站姿；练接球的基本动作。上课的间隙，还要训练体能。打一会儿乒乓球，然后得跑步，做俯卧撑。

"爸爸，我不想学乒乓球了，一点儿都不好玩儿。每天打完了都好累，没意思！"一开始学了几次，刘昕就有点儿情绪了，想打退堂鼓。

"开始会觉得有点儿累，不好玩儿。慢慢地，你就感觉不一样啦，越打越来劲，越打越好玩儿。"虽然平时刘昕爸把她当掌上明珠，在学习乒乓球这件事情上，他却态度坚决，不松口不让步。他虽然理解她，不责备她，但也不想让她一闹情绪就不学乒乓球了。

"爸爸虽然会打乒乓球，但都是自学的，动作不标准。你先跟专业的老师学习，以后爸爸陪你一起打乒乓球。"爸爸向刘昕许诺道。刘昕爸自己喜欢运动，乒乓球、羽毛球样样都会，每天必做的一件事就是，晚饭后去打至少两个小时的乒乓球或羽毛球。他知道运动也会上瘾，在球场痛快淋漓地挥洒汗水，是他每天最放松的时刻，也是最大的享受。所以，他希望刘昕能坚持下去。

学乒乓球，寒暑假都会有加强训练。暑假的时候，练习乒乓球并不让人期待。乒乓球馆在体育馆的负一层，低矮的楼层，又闷又热，只打了一会儿球，就大汗直流，口渴得要命，要不停地喝水。上完一节乒乓球课，刘昕就会全身湿透，像从汗蒸房出来的一样。但是，在爸爸的鼓励下，刘昕慢慢地尝到了运动的快乐，于是一直坚持学习乒乓球。

一晃学了五年，刘昕慢慢喜欢上了乒乓球，毕竟是专业老师带出来的，一招一式都颇有专业运动员的风范，乒乓球水平大大提高了。刘昕爸只要有时间，就带着刘昕去打球，刘昕的水平一点儿不比爸爸差，父女俩打上几局，不分上下，挺有意思。一起去打乒乓球，成了父女俩周末或空闲时的休闲项目。

到刘昕上初三了，面临中考。

“初三学习好紧张，爸爸，我没时间学乒乓球了，不学了好不好？”刘昕觉得自己乒乓球水平已经不错了，初三学习压力大，学习乒乓球太浪费时间。

“一周学一次，才打一个小时，不会影响你的学习。再说了，越是学习任务重，压力大，越要运动嘛，运动会让你更放松呢。”即便确实到了升学的关键时期，爸爸还是态度坚决，丝毫不听她的抱怨。就这样，哪怕是初三，刘昕学习乒乓球这件事还是坚持下来了。

上了高中，刘昕去上寄宿学校了，只有周末才有时间回来。不过，这时候她已经爱上乒乓球啦，几天不打球，她就觉得浑身没舒展开，一点儿都不舒服。所以，她主动跟爸爸说：“爸爸，我周末回来还上一次乒乓球课吧。”

到了高三，学习压力实在太大，学校一个月才放一次假，不方便安排上课时间。刘昕不再去老师那里学习，爸爸便成了她的陪练。只要她回家，父女俩绝对会抽空去乒乓球桌上打几局。父女俩各显身手，拿出自己的绝招，一边奋力抽球，另一边丝毫不退让，狠狠地扣杀回击。父女俩一边海阔天空地聊天，一边紧张地PK，好不痛快！乒乓球桌上和爸爸的较量，成了刘昕高三时光里美好的回忆。

刘昕发现，每次打完乒乓球，不仅感觉特别轻松，学习的效率也大大提高，记忆速度更快，思维更清晰，反应更敏捷。

高考前一天，面对即将到来的高考，刘昕不免流露出焦虑和紧张的情绪，想看书看不进，不看书不安心。爸爸觉察到了她的焦躁，便让她放下书本，拉着她去了乒乓球馆。父女俩打了两三个小时的乒乓球，这让刘昕的紧张情绪一扫而光。

“爸爸，多亏你考前和我打了那一场球！因为，我的神经之前都是紧绷的，满脑子都在担心要是考不好该怎么办。打完球，好像所有的紧张情绪都发泄出来啦。所以，你功不可没呀。”高考成绩出来后，刘昕才向爸爸吐露真言，好好地夸奖了他一番。

回忆自己成长的过程，刘昕说：“虽然爸爸说只陪我做了一件事——打乒乓球，但其实这是一件特别重要的事。一是他让我爱上了动动，增强了体质，培养了我健康的生活方式，这会让我终身受益。二是每次打乒乓球，都让我放松了大脑，提高了学习效率。特别是高三那一年，让我自始至终保持了良好的学习状态。三是当我不开心或沮丧的时候，打乒乓球也让我及时地调整情绪，让我的负面情绪能及时地找到合适的出口。让我爱上运动，这是爸爸送给我最好的成长礼物。”

养育小贴士

运动的好处似乎是没有止境的，因为它的影响是全方位的，作用于我们大部分的生理系统。运动让你的肌肉和骨骼更强壮，从而提升你的力量和平衡性；运动可以帮助我们调节食欲，调节血脂，降低我们罹患十多种类型癌症的风险；它可以改善人体的免疫系统，平抑压力的毒副作用……再加上运动带来的智力上的好处，我们已经越来越接近可以改善人类健康状况的灵丹妙药了。

（《让大脑自由》第16页，〔美〕约翰·梅迪纳著，杨光、冯立岩译，浙江人民出版社，2015年版）

06

中了“乖”之毒的孩子长大后习惯戴着假面具

亲子教育中，有一种看不见摸不着的毒叫“乖”。

有一种无形的绑架，叫“真听话”。

有一个看上去像罂粟花一样美却奇毒无比的标签，叫“乖孩子”。

一直乖巧懂事的妞妞，刚考上一所高中名校，最近不知道怎么了，早上起来脸也不洗牙也不刷，像个木偶一样面无表情。神情也是恍恍惚惚，一天到晚没睡醒似的。更让妈妈头疼的是，这种情况越来越严重，她动不动就伤心掉泪。到最后，不管妈妈怎么劝说、怎么威逼利诱，她竟然死活都不肯去上学，还不让爸爸妈妈出门，非得黏着他们。

妞妞长得白净秀气，说起话来细声细气，一看就是个乖乖女。妞妞小时候，妈妈一跟亲戚朋友说起她，总是很骄傲地说：“我们家妞妞，真是个乖女儿。她懂事又听话，什么事情从来都不让我们操心。”确实，妞妞从小爱学习，成绩好，性格又温顺乖巧，从来没给爸爸妈妈惹过什么麻烦。从小学到中学，所有的老师几乎都是这样评价她：“妞妞是个懂事又听话的好孩子，乖学生。”

父母忙于工作，经济条件不错。妞妞上小学时，爸爸妈妈就把她送到了几百公里之外的省城，就读于一所有名的全日制寄宿学校。刚开始的时候，妞妞也哭过闹过。可过了一段时间，她就不再哭闹了。有一次，妈妈送她去学校时，心里不舍，便问她："乖宝贝，你想爸爸妈妈的时候怎么办呀？"妞妞想了想，看了看妈妈期望的眼神，懂事地说："忍一忍就过去了，就到了你们来接我的时候。"一听她这么说，妈妈悬着的心便放下了。其实，妞妞想说的是："妈妈，我不想到省城上学，更不想读寄宿学校。我只想天天看到你们。"可是，她知道如果这么说，妈妈就会很失望，就会说她不乖。于是，真实的想法便咽下去了。

6岁开始便读寄宿学校，妞妞自理能力自然不错，加上学习习惯也好，可谓一帆风顺地考入了理想的中学。可谁也没想到，这个乖乖女却突然变成了现在的模样。爸爸妈妈看到情况不对，赶紧和班主任联系，老师建议他们最好带她去看看心理医生。

经医生诊断，妞妞患上了轻微的抑郁症。主要原因有三个：一是在她的成长过程中，小小年纪便离开父母独自在异地生活，虽然物质富足，却缺乏来自爸爸妈妈的陪伴和关爱，内心缺乏安全感。二是妈妈从小给她贴上了"乖孩子"的标签，她不敢表达自己内心真实的想法，怕自己表现不乖，怕给爸爸妈妈添麻烦，所以，太多的负面情绪都压抑在自己的心里。三是青春期本来就容易情绪波动，加上她刚上高中，名校竞争激烈，学习压力过大，妞妞很无助，觉得自己好差劲。由于暂时没有交到新朋友，又不敢跟爸爸妈妈诉说心中的苦闷和烦恼，所以才会郁郁寡欢，出现这样的抑郁症状。

爸爸妈妈听后，内心无比震动，这才意识到事情的严重性。他们赶紧放下手头所有的工作，一心一意地陪着妞妞。他们无比地内疚和自责，给了妞妞前所未有的关爱和照顾。这也是有史以来，他们头一次这么全身心地陪伴着她。幸运的是，经过近三个月的药物治疗和心理治疗，妞妞终于摆脱了抑郁症的阴影，重返校园。

你真乖，你是个听话的乖孩子。

一些大人总喜欢用"乖"来表扬孩子和评价孩子，并用"乖不乖"来约束孩子的行为和表现。

看孩子乖不乖，换句话说就是看孩子听不听话。听谁的话呢？自然是指听大人的，小时候听爸爸妈妈的，听老师的，听长辈的；长大后工作了，听上司的，听领导的。

所以，“乖”其实是用大人的标准和要求来约束和控制孩子。

如果一切以大人的要求和标准来约束自己，这样的孩子便会活在他人的要求和标准里，活在他人的评价里，唯独没有他自己。他会习惯性地压抑自己内心的愿望，不敢说出自己真实的想法，不敢表达与大人期望不一致的愿望，否则那就意味着他不是一个乖孩子。

所以，乖孩子也许一生都受着“乖”与“听话”的束缚，如果无法从中挣脱出来，就没有内心的自我成长。

这样的乖孩子，表面上很乖，很听话，很顺从，讨人爱，让人省心。可是内心却积累着他不能承受之重。乖孩子活得累，心累；乖孩子活得苦，心苦；乖孩子活得虚，虚空；乖孩子活得压抑，抑郁。乖孩子穷其所有的精力与心思都在努力实现一个目标：让别人觉得自己很乖，很懂事，是个好孩子。

他们往往戴着“乖孩子”的面具，为了获得父母和权威人物的认可和肯定，表面上迎合地笑着，心里却“狂风暴雨”。他们总是在曲意地讨好着他人，却忘记了好好地爱自己，自由地表达自己的诉求和愿望，按照自己真实的内心需求安排自己的人生。

所以，亲爱的爸爸妈妈，请不要为了自己的省心和轻松，为孩子的心灵投一种叫“乖”的毒。

养育小贴士

当一个人被贴上某一种标签时，他就会做出相应的自我印象管理，下意识地使自己的行为与所贴的标签内容相一致。这种现象被称为“标签效应”。

当父母给孩子贴上“乖孩子”的标签后，这些孩子做任何事情，都以乖、听话和顺从作为衡量标准。于是，背负着这样的标签，他们往往就会朝着父母期望的方向发展，刻意地让自己变得懂事，变得听话和顺从。所以，当他们长大的时候，往往活得没有自我，活得压抑和扭曲。

CHAPTER 03

情绪，多一点儿接纳

情绪管理影响着孩子一生的幸福。情绪没有好坏之分，接纳孩子所有的情绪，特别要理解和重视孩子在困境中的感受，设身处地想孩子所想，满足其合理的心理需求。在父母的言传身教中，让孩子自然而然地学会接纳和管理自己的情绪。

01

多少孩子输在情绪线上

前些年，教育领域里，“不让孩子输在起跑线上”的观点很流行。

“不让孩子输在起跑线上”这种风行一时的论调导致的结果是，各种各样早教机构和面向幼儿且价格不菲的早教班应运而生，可能还不会走路的娃娃被父母带着便开始上课，不少小学生和中学生更为培训班所累。早教潮和培训潮让许多父母心里忐忑不安，生怕自家的孩子会落后，真的输在起跑线上，咬咬牙狠狠心，他们百般无奈但又不由自主地加入其中。

后来，培训潮愈演愈烈，成了教育界的怪象和乱象，一些人出来抨击反对“起跑线”理论，反其道而行之，放眼长远，从孩子一生的教育着眼，提出了“不让孩子输在终点线”。

孩子的一生是马拉松长跑，不要以分数为目标，缩略孩子的童年，从长远的眼光来看待孩子的成长，无疑更理性，也更客观。

其实，不管是输在起跑线，还是赢在终点线，人的一生离不开情绪线。

在轰轰烈烈热议起跑线和终点线的时候，不知大家是否关注过、思考过这样一个极其重要，但又常常被我们无视的问题：有多少孩子输在情绪线上？

情绪如影随形，伴随我们一生。它无时无刻不在影响着我们的学习、生活和情感，和我们的快乐体验、幸福指数息息相关。

有多少孩子，仅仅因为管理不好自己的情绪，他们也许赢在了起跑线，却可能在中途输掉了学业，输掉了前途，输掉了自己和父母的快乐和幸福；

有的孩子，甚至因为极端化的情绪，一时失控，给自己的人生早早画上了终点线。

情绪如同空气，无处不在，如影随形，伴随我们一生，和我们的快乐体验、幸福指数息息相关。它无时无刻不在影响着我们的学习、生活和情感，直接影响着孩子的成长、家庭的幸福。

离高考不到100天了，3月12日，丁点所在的学校即将举行一次全市的联考。这样的联考，俗称“小高考”。离联考还差两三天，丁点觉得压力巨大，开始陷入莫名的烦躁和紧张之中，连续两个晚上处于半失眠状态。

丁点的学习成绩从小就非常出色，他家在外地，因为成绩特别优秀，他才得以考入这所省内的名校。他也一直不负父母的期望，成绩一直名列年级前十。高三这一年，妈妈想方设法特地请了假来陪读，希望他能如愿地考上一流的名牌大学。

联考时丁点只考了580分，而这个分数距离他理想的大学差了几十分。

丁点的心情跌到了谷底。他的脑海里一直回响着妈妈的话：“老家的亲戚朋友个个都说你肯定会考上清华大学的，他们把你当神话。我看你这个样子只会成为大家的笑话！”话刚一出口，妈妈自己就后悔了，是焦虑情绪让她口不择言了。丁点觉得妈妈不能理解自己，只会一味地施压。一日三餐，她念叨的就是学习和分数。

即使如此，丁点也理解妈妈的苦心，他发自内心地想要努力学习，希望在最后的三个月里提高几十分。但是自己已被沮丧的情绪所包围，他越想努力学习，越没法集中精力。特别是看到周围的同学都埋头学习，那么有规划、有重点，那么专注和投入，自己却心不在焉，怎么也集中不了精神，丁点就感到更加紧张，面对一堆的试卷和资料，更加觉得不知从何入手了。

“老师，我完全学不下去了，怎么办？”有一天，丁点的心情低落到了极点，整整一个上午，他都没听进去一堂课。他木然地望着讲台上的老师，心里却好像有无数个声音在对他说：“放弃吧，别做梦了。短短的几十天，你想提高几十分，怎么可能……”他感觉自己快要崩溃了。终于，丁点鼓起勇气敲开学校心理咨询室的门。学校心理咨询室的杨老师微笑着听他诉说自己的压力、苦恼和无助，不时地给他恰当的回应。丁点倾诉完毕后，他感觉轻松了许多。

“高三的压力本来就大，父母和你自己的期望又高，自己过分看重一次考试成绩……”待丁点倾诉完，杨老师告诉他，“高考前期，学习上会处于心理高原期，成绩出现反弹，自己出现消极的情绪都属正常。”然后给丁点一一分析造成他情绪波动的各种原因。最重要的是，她找到了令他紧张到学不下去的根本原因——对自己期望太高，压力太大。她根据丁点目前的成绩，给他分析了高考可能出现的情况：一、超常发挥，他有可能考上理想的大学。二、正常发挥，可能没法考上理想的大学，但作为第二选择的大学的相关专业也不错。三、非理想状态，还有本省的重点大学可以考虑。听了杨老师的分析，丁点觉得如释重负。他连连点头，是啊，即使高考时考得再差，自己仍然可以上大学，学自己喜欢的专业，那还有什么可焦虑的呢？只要脚踏实地地学下去，把情绪调整好，说不定还有希望考上理想的大学呢。不过，杨老师也告诉他，他的情绪可能还会反弹。平时自己可以写写情绪日记，觉察并管理好自己的情绪，不要被消极情绪绑架。如果出现这种情况，也可以再来学校心理咨询室寻求帮助。

走出心理咨询室的门，丁点感到非常庆幸，庆幸自己去请专业的心理老师为自己梳理情绪，解除了无形的心理压力，看清了努力的方向，否则如果一直陷入那种自暴自弃的情绪中，那该有多可怕，简直就是不战而败呀。

孩子的身心健康永远是第一位的，而稳定的情绪是心理健康应具备的一种心理品质。有些父母一门心思想要孩子考上名牌大学，平时只关注孩子的成绩，盯着他的分数和排名，却根本不去了解他的心理状态，更不会引导孩子管理情绪，释放压力，结果往往会让孩子输在了情绪线上。

让孩子学会管理情绪，是父母的必修课；学会管理情绪，更是孩子一生幸福的重要功课。

养育小贴士

美国社会心理学家马斯洛和心理学家米特尔曼提出心理健康的10条标准：①是否有充分的安全感；②是否对自己有较充分的了解，并能恰当地评价自己的能力；③自己的生活和理想是否切合实际；④能否与周围环境保持良好的接触；⑤能否保持自身人格的完整与和谐；⑥是否具备从经验中学习的能力；⑦能否保持适当和良好的人际关系；⑧能否适度地表达与控制自己的情绪；⑨能否在集体允许的前提下，有限度地发挥自己的个性；⑩能否在社会规范的范围内，适度地满足个人的基本需求。

（《心理健康指导》第3页，张玉臣等主编，机械工业出版社，2013年版）

02

允许孩子流露真实的情绪

允许孩子不爱、不喜欢某一个人，和希望孩子去爱、去喜欢某一个人相比，更是一种深层的接纳，一种深层的理解和尊重。

我们为什么不从孩子的角度去看问题，去思考，去理解他和尊重他呢？

爱与不爱，喜欢与不喜欢，乐意与不乐意，都是每个人天生拥有的权利。为什么只能爱和喜欢，而不能不爱和不喜欢呢？

马玮玮上小学三年级。她是一个文静好学的小姑娘，又大又圆的眼睛像黑葡萄一般，特别惹人喜爱。一天放学回家，她一见到妈妈，嘴巴一扁，便耸着肩膀哭出声来。

“怎么啦，宝贝？”玮玮妈赶紧把她搂在怀里，帮她擦眼泪。

“就是我的那个同桌，呜呜，那个讨厌的贺海年，他今天又欺负我。”玮玮抽抽搭搭地说，特地强调了“又”字。

对于玮玮的同桌，玮玮妈早有所闻。上次，玮玮就回来告诉过她，贺海年趁老师背过身的时候，老是揪玮玮的头发。玮玮叫他别揪，他倒越揪越来劲儿。后来，玮玮告诉了班主任，请求她主持公道。班主任找贺海年谈了话，他才停止揪头发。玮玮告诉妈妈，他是班上出了名的捣蛋鬼，一身的坏毛病，谁都怕他，谁都不愿意和他坐同桌。自己也不想和他坐同桌，可班主任对她说，她是因为特别信任玮玮，相信玮玮能帮助贺海年，才特地安排他们坐同桌。她还说，希望玮玮能让贺海年在学习上有所进步，在学习习惯上有所改变。

“这次他又做了什么？慢慢说，告诉妈妈到底发生了什么事情？”玮玮妈心想，小学阶段的调皮小男生和文静的小女生之间发生冲突，在所难免。既然是同桌嘛，就更容易产生纠纷，但多半都是些不值一提的小事。

“今天下午上画画课，他自己忘记带水彩笔了，让我借给他，我答应了。但是，他非得借我那支橙色的不可。我自己正在画一个橙红色的太阳呢，我不肯，说等我画完了就给他。他要我马上就借给他，看我不肯，就在我边上捣乱，让我没法画画。结果，下课的时候，我的画没画完，我很生气。可是，他还恶人先告状，去班主任那里说我小气，不肯借水彩笔给他。”玮玮在妈妈的安抚下，情绪慢慢平复下来，不再哭了，红着眼睛讲述了今天画画课上发生的事情。

“你是不是觉得特别委屈和难受？”

“是的，明明是他自己忘记带笔了，是他自己的错。而且我答应借给他别的水彩笔，他还非得借我正在用的笔不可。让他等我画完他都不肯，害得我没画完，他自己也没画。这不是两败俱伤嘛，他为什么要这样做，还去老师那儿告状！”

“你跟老师说了真实情况吗？”

“说了。”

“老师怎么说？”

“老师说，这是小事，不要太计较，同桌之间该像一家人一样和睦相处。你就把他当作你的哥哥或弟弟嘛，让着点儿，就没事啦。”

“哦。”玮玮妈一直听着，没发表任何意见。

“可是，妈妈，我不是头一次让着他，我每次让着他，他从来就不会让着我，每次都欺负我。我太难受了，我不想和他成为一家人。”

“嗯，妈妈听了也难受。换作是我，我也不愿意和这样的同桌成为一家人。”先前一直静静地、专注地倾听着女儿哭诉的玮玮妈，适时地表达了自己的感受。

“妈妈，明天我就去跟老师说，让她把贺海年调走，我要换一个同桌。我一天都不愿意跟他坐了。”玮玮想了想，觉得这是一个解决自己烦恼的好办法。

“玮玮，有这样的想法，很正常。遇到麻烦的人，我们总是想着如何回避。但是，怎样才能真正地解决问题呢？妈妈想的是，要是下一个同桌又欺负你，怎么办？难道又让老师帮你换同桌？”玮玮妈觉得，让老师把自己的麻烦同桌调开，只是权宜之计。玮玮有必要学会处理和同学的关系，特别是要学会当自己受欺负、受委屈之后该怎样处理问题。

“那……那怎么办呢？妈妈，是不是因为我从来都是退让，没反抗过？比如这一次，我应该告诉他，我自己的文具我有权做主，我自己要用橙色笔，我不想借给他就不借。他没笔画画，是他自作自受。”

“是的。每个人都要对自己的行为负责。贺海年忘记带水彩笔，他就要自己承担后果。作为他的同桌，你可以友善待人，帮助他，但也要有一个界限。我们要学会为自己和他人的行为设立界限。你已经答应借其他的笔给他，他却不依不饶非得借你的橙色笔不可，那你当然有权利拒绝他的要求。”对于贺海年的无理取闹，真正的问题在哪儿，玮玮妈当然看得更透彻。她知道，很多时候，人和人之间发生冲突，就是因为界限不明。贺海年是一个被家人溺爱长大的孩子，他总觉得全世界的人都要无条件地满足他的一切愿望。

“妈妈，以后他要是再欺负我，超越了我能忍受的界限，我一定要大声说‘不’！该拒绝的时候就要拒绝，该反抗的时候就要反抗，才不会什么都让着他由着他。”玮玮从妈妈这里获得了理解和支持，感觉自己充满了力量。

“嗯，如果下次他还毫无理由地欺负你，妈妈支持你狠狠地反击他。不过，也许，有一天，回过头来，你还得感谢他呢。”玮玮妈看着满脸稚气的玮玮，笑了。

“会感谢他？我现在讨厌他都来不及呢！”玮玮不解地望着妈妈。

“你现在当然不会感谢他。也许要过好些天，甚至好些年，等你长大了，又遇到了一些自己不喜欢的人。你就会想，幸亏当年遇到了一个那么难缠的同桌，和他学会了过招，自己才懂得了如何和讨厌的人相处呢。”玮玮妈笑着告诉她。

当孩子被允许说出自己真实的感受，如失望、厌恶、害怕、恐惧、愤怒等，并能得到父母的接纳和理解时，他才能真正地宣泄掉那些困扰自己的负面情绪，界定和调整自己的行为。

允许孩子表达真实的内心情绪，他将自然而然地学会坦然面对自己所有的情绪，积极的和消极的；信任自己所有的感受，良好的感受和不良的感受；更容易调整自己的消极情绪，学会积极地解决问题，走出因情绪带来的困境。

养育小贴士

很多家长都尽力避免面对孩子的消极情绪，以为它会自然消失，但事实上，根本不是那么回事。与之相反，当孩子说出自己的感受、标注自己的情绪、感到自己被理解时，消极情绪才会逐渐消融。

（《培养高情商的孩子》第85页，〔美〕约翰·戈特曼等著，付瑞娟译，浙江人民出版社，2014年版）

03

孩子不是机器人，情绪哪能说好就好

要想孩子管理好自己的情绪，父母首先要学会管理自己的情绪，因为孩子会在成长过程中自然而然地习得父母处理情绪的方式。在孩子的教育中，没有什么比言传身教更有影响力。

养育孩子，确实是痛并幸福的事情，是一项耗时耗力的长期工程。许多妈妈都有同感，她们用尽洪荒之力想做个好妈妈，却可能因为一件鸡毛蒜皮的小事，不时情绪失控，朝孩子“河东狮吼”，狂轰滥炸。吼完之后，她们既后悔又自责，希望孩子能无视她们失控的情绪，没有被她们的怒火伤害到，能马上喜笑颜开。可是，孩子毕竟不是机器人，情绪哪能说好就好呢？大人尚不能自控，孩子又去哪里学会调控情绪的技巧和方法呢？

中秋小长假后的第一天，大家的生活又走上了正轨。

上班的上班，上学的上学。忙碌的一周又开始了。

“亲，我今天一早又对我儿子发火了。你知道，今天是节后第一天上班，人多车多，早上肯定会堵车。我提醒儿子快点儿吃早餐，早点儿出发去学校。他又磨蹭了半天，到7点半才出门。不出我所料，路上堵得一塌糊涂，结果孩子又迟到了！我简直是火冒三丈，实在是忍不住，扯着嗓子对他怒吼了一通。不过，吼完之后，看到他那可怜巴巴的样子，我又很后悔，很自责，觉得自己实在不是一个好妈妈，一点儿都不称职。我自己是一个火暴性子，发完了火马上就没事了。可是，儿子被我怒吼之后，好像几天都不开心似的。我多么希望他也像我一样，马上就没事了。我确实想做一个好妈妈，不想对他发脾气，真担心老是发火会给他的童年留下阴影。真不知道怎样才能控制住自己的情绪，我该怎么办？”我刚打开微信，一条长长的消息便跳了出来。

这是一个闺密发过来的。

“亲，别太自责。孩子不是十全十美的，他们也不可能百分百地不犯错误，永远不惹我们心烦生气。他有时是天使，但有时也是讨厌的小魔鬼。也没有谁会是百分百的好妈妈，没有谁绝对不朝孩子发脾气。我们不能因为偶尔对孩子发火，就给自己贴上坏妈妈的标签，就后悔、懊恼和自责。作为妈妈，我们不是圣人，也不可能十全十美，我们一样也有喜怒哀乐，我们应该允许自己偶尔发发火。

“当然，一定要避免陷入恶性循环——发完火又自责，下次再发火又自责。再说，你是你，孩子是孩子；你发完火没事了，哪能要求孩子也像你一样没事呢？孩子不是机器人，他有他的思想，他的情绪，不能由你来设定程序。如果你想控制自己的情绪，愿意付出努力，肯定有办法。但这不是一朝一夕的事情。别急，慢慢来。”

闺密此刻的心情，我完全能感同身受。我甚至觉得她简直就是在重蹈我的覆辙啊。儿子上小学时，也有点儿拖拖拉拉，早上好多次送他上学，我都是一路狂奔，只为了在上课铃响之前，能确保他走进校园。为此，我没少对他发火，也经常陷入这样的恶性循环：忍不住对他发火—发完火之后深刻反省、由衷自责—下次继续发火—再自责。好在后来我接触了情商教育，慢慢地学会了情绪管理的方法。

情绪管理指善于掌控自我，善于调节情绪，对生活中的冲突和矛盾引起的反应，能以积极方式应对，及时缓解紧张的心理状态。

美国心理学家约翰·戈特曼认为，要想成为更好的父母，培养出高情商的孩子，父母首先必须审视自己，审视自己是如何处理自己孩子的情绪，他将父母的教养方式分为四种：忽视型父母、压抑型父母、放任型父母和情绪管理训练型父母。对照这四种教养方式处理情绪的特点，我发现，我的闺密属于忽视型父母：缺少对自己和他人的情绪感知能力；担心自己会情绪失控；希望孩子的消极情绪快速消失；面对孩子的情绪，不知道该如何应对。

首先，她确实没有管理好自己的情绪。其实她面对的只是一个日常小事件——堵车，儿子上学迟到。当孩子没有听从她的建议，并且再一次迟到时，我的闺密处于失望和愤怒之中，并且被这种情绪所裹挟，所以失控。其实，从一大早开始，她就凭着生活经验，预测到了很可能会堵车、会迟到的情况。她也感受到了自己的紧张、着急和担心，但是没有把这种情绪识别出来；更没有表达出来，把自己的担心、着急告诉孩子，告诉孩子可能会堵车，他可能要迟到并要自己承担迟到的后果，而是任由自己一个人陷在混乱和无力感之中。她也没采取相应的积极措施来应对节后堵车的问题，比如她完全可以果断地提前出门，让儿子到车上吃早餐，或者等到校后，再让儿子解决早餐问题。当儿子再一次迟到时，她却把矛头直指向儿子，把一腔怒火喷向儿子。

更让人啼笑皆非的是，她还希望儿子的情绪能像她希望的那样，说好就好！也就是希望孩子的消极情绪马上消失——在她的潜意识里，认为消极情绪是有害的。

家，是孩子学习情绪的第一所学校。正是在自己的家庭里，孩子学会了怎样感知自己和他人的情绪，怎样对待和处理自己和他人的情绪。如果父母每次遇到问题，都只会大呼小叫，胡乱发火，不会调控自己的情绪，也不采取相应的办法来解决问题，孩子长大以后，可能会与父母如出一辙，采取简单粗暴的方式处理自己的消极情绪，根本不会调整和控制自己的情绪。

作为父母，我们有必要努力成为一个情绪管理训练型父母，因为我们的教养方式，我们对待和处理情绪的方式，直接影响到孩子如何处理和控制自己的情绪。

养育小贴士

情绪管理训练型父母的特点：

1.对自己和所关爱的人的情绪有着极强的感知能力。

2.他们能包容孩子所有的情绪，但不会纵容他们所有的行为。会对有害行为立刻叫停，指导孩子重新选择更合适的行为表达情绪。

3.非常重视情绪的力量和价值，他们不会害怕在孩子面前表露自己的情绪，当他们难过时，他们能在孩子面前哭；他们可以发脾气，并告诉孩子自己为什么那么生气。

4.如果自己的言行伤害到了孩子，他们会敢于向孩子道歉，并从中吸取经验教训。

04

如果负面情绪被隔离就会本能地逃避它们

从心理学上说，情绪大体分为喜、怒、哀、惧四大类。

情绪没有好坏之分，只有正面和负面，积极和消极之分。

但是，在有些家庭里，父母只认可那些正面的情绪，比如，开心、兴奋、自信、乐观、积极、上进等；对于负面的情绪，如难过、消极、沮丧、退缩等，总是不由自主地表达出不满，或者总是习惯性地打击和反感。所以，他们会给孩子造成这样的印象：正面的情绪才是好的，可以表达的；负面的情绪是坏的，不应该被接纳和认可。因此，不管是在家里，还是在学校，孩子会自然而然地屏蔽和隔离这些情绪，刻意不去表达出这些负面的情绪。但是，这些压抑的负面情绪不可能烟消云散，而是会慢慢地转化至潜意识层面，久而久之，就可能会成为孩子的情绪障碍，甚至导致心理问题。

“你们知不知道，‘龙卷风’得了神经病啦？”这天，初二（8）班的唐小敏——班上有名的“八卦姐”一进教室，还没来得及坐下来，就像打了鸡血似的，跟前后左右的同学低声爆料。

“什么？‘龙卷风’得了神经病？是你神经了吧？你有没有搞错！”

“我真的没有弄错。我小姨是附二医院的医生，她们医院的心理科最有名啦。昨天她来我们家，和我妈躲在厨房聊天时，被我偷听到啦——小姨对我妈说：‘你平时少对小敏吼来吼去的，现在的孩子心理脆弱，青春期的孩子情绪容易波动，有心理障碍的孩子越来越多。昨天我接诊了一个女孩，年龄和小敏一样大，姓龙，说不定是她学校的同学呢……’”我一听到这里，简直难以置信，赶紧轻手轻脚地走开了。

同学们将信将疑，但随后一段时间，“龙卷风”都没有来上课。大家问起班主任时，她又一脸讳莫如深的样子。关于她的种种传言最后便只剩下一个版本，那就是她真的得了神经病。

当然，“龙卷风”并不是得了神经病，用医学术语来说，仅仅是心理暂时出现了一些障碍。

“龙卷风”的本名叫龙踏歌。

龙踏歌是初中部有名的“女汉子”。这可是省城鼎鼎有名的四大名校之一的初中部，卧虎藏龙。

龙踏歌不仅名字取得豪爽带劲，而且行动起来极干脆利落，有一股子挡不住的闯劲儿和冲劲儿，班上同学明里暗里都叫她“龙卷风”。倒是这真实的名字很少有人叫了。

在初中部许多人的眼里，龙踏歌好像从来都只有阳光的一面，积极向上，非常乐观。她十分优秀，学习总是年级排名第一。她还是学校学生会主席，全校大会上她像女神一样受众人瞩目，她那么自信，一脸淡定，即兴发表长篇演讲，滔滔不绝。她同时也担任班长，有时候班上的有些难题，班主任都会和她讨论解决方案。

“阳光小姐姐”“学神”，在“龙卷风”的字典里，似乎从来只有上进、乐观，什么困难都难不倒她，好像她从来没有累的时候、没有难过的时候。

原来，在她的家庭里，从来只能表达那些正面的情绪——积极向上的、高兴的、有趣的。爸爸妈妈在她面前，从来只报喜不报忧，只展示好的一面。所以，“龙卷风”从小便也习惯了像他们一样，只将高兴的事情告诉他们，只将那些充满正能量的情绪流露出来，一旦她考得差了一点儿或遇到了别的不开心的事情，稍微流露出畏难、退缩，或表现得有点儿沮丧、难过，她就觉得这“不应该”，有这样的情绪就是没出息。她更加担心父母会觉得她不乖，不是好孩子。因此，所有不好的事她都不会说，她把内心里所有消极的情绪都打包，积压起来，她害怕所有人看不起她，总是担心一旦自己那一面有所流露，就会遭到父母和其他人的鄙视，担心会被责骂。

这一次的导火索是一封情书引爆的。作为全校的明星，“龙卷风”的头上自然笼罩着迷人的光环，像“网红”一样惹人注目。这不，学校篮球队的队长帅哥奉钦竹，被“龙卷风”给吸引住了。不过，虽然他身高一米八，在喜欢的女孩子面前却羞答答的，不敢主动去找她。于是，奉钦竹把自己的心意写下来，交给他的一个球友，让他转交给“龙卷风”。“龙卷风”收到这封情书后，简直像个烫手的山芋，不知该怎么办。跟老师说，这个念头一冒出来，她就马上自我否定了，肯定不行——没有哪个老师会同意初中生谈恋爱。告诉爸爸妈妈，更加不行。她都可以脑补他们说话的情形，他们肯定会大跌眼镜，然后会鄙夷地说，小小年纪就谈情说爱简直就是没出息……告诉同学、朋友，也不行。平时，她身上的光环太耀眼，她又不习惯向别人展示自己的不足，所以关键时候，她憋得慌，却发现自己没有一个贴心的朋友或同学，可以让她倾诉一下这类棘手的事情。于是，她把这件事情憋在心里，越想越觉得好像每个人都在对着她指指点点，在背后笑话她。她变得异常敏感，同学们无心说的话，开的玩笑，她都觉得他们是有所指，是在含沙射影。总觉得每个人看她的眼神都不一样了。

心底的压力让“龙卷风”变得莫名的烦躁，不管是同学还是家人，一不小心就会把她惹毛，大家感觉她简直变了一个人似的。而家里人虽然感觉到她有点儿异常，也没谁往心里去。直到有一天，她妈妈去叫她起床，才发现她披头散发地坐在床上，一看到她便崩溃似的尖叫……父母这才带她到医院就诊。

在只能表达正面情绪的家庭里，孩子那些被压抑的负面情绪都去了哪里呢?

其实所有的脆弱、无助、疲惫和愤怒都被积压在心底，随着时间的流逝，慢慢地沉积在潜意识里，慢慢固化。忽略或有意无意地压抑孩子的负面情绪，任由其积累发酵，孩子的性格心理就可能被逐渐扭曲，不可能成为内心真正阳光的孩子。哪怕他的脸上写满了微笑、乐观，他的内心却在无声地哭泣，那个被压抑的内在小孩也许在一片黑暗的情绪里不能自拔，如同陷入沼泽，越想挣扎陷得越深。

不管大事小事，如果父母每次都能及时处理好孩子的情绪，孩子自如地、充分地表达了他的各种情绪，他才能快乐健康地成长。

养育小贴士

关于消极情绪，约翰·戈特曼说："为了保护孩子免受情绪上的痛苦折磨，这些家长会刻意避免叫停那些可能带来眼泪或坏脾气的情绪共享时刻……但到最后，这些策略产生的效果适得其反，这些孩子错失了体会自己情绪的经验，不懂得如何有效应对情绪，长大后对生活的重重挑战毫无准备。"

（《培养高情商的孩子》第47页，约翰·戈特曼等著，付瑞娟译，浙江人民出版社，2014年版）

05

男儿有泪何妨轻弹

性别刻板印象，就是对男性或女性角色特征的固有印象，集中表达了社会对性别角色的期望和看法。属于男性特征的内容是：攻击性、独立性、主动、自信、竞争心强、抱负远大等；属于女性特征的内容是：喜欢聊天、贤淑温柔、害羞、文静，对安全有强烈的需要、善于表达、脉脉温情等。

在对孩子的教育中，对于男孩的性别刻板印象，就是认为男性特征必须是坚强、独立、自信、抱负远大、斗志昂扬。所以，中国有一句老话叫“男儿有泪不轻弹”。意思是男孩必须是坚强的，不应该流泪，因为流泪是软弱的象征。自古以来，哭鼻子、流眼泪都与铁骨铮铮的男性社会角色无关。

男女有别，由于生物性别的不同，男女的社会角色也不同，社会对男女的角色定位各不相同。

“男儿有泪不轻弹”，在一定程度上属于对男性气质的误读，也是非人性化的。男孩也是人，也有喜、怒、哀、惧。

社会发展到现在，我们更应尊重人的本性。个人情商的培养理应受到社会的重视，对情绪的管理与控制也显得尤其重要。

李小浩，一个初三的男孩，单眼皮小眼睛。从小喜欢调皮捣蛋，不管是在家里还是在学校，他似乎一刻都停不下来，总是窜来窜去，像一只灵活的小猴子，同学们戏称他“耗子”。因为调皮，偏又碰上一个脾气暴躁的妈妈，他从小就没少挨妈妈的揍。一旦他闯祸了或不听话了，他妈手里拿着什么家伙就顺手给他一下。有时，可能是题目做错了。啪，他妈随手操起一本书拍他一下，这是常事；有时，他欺负了别人家孩子，人家父母上门告状来了，他妈不问青红皂白，直接一巴掌，给他屁股上重重一击。可是，这是一个倔强的孩子，从小到大，不管妈妈怎么打他，他都不哭，不跑，也不求情，就定定地杵在那里。

刚上初一，李小浩的爸爸妈妈就离婚了，终究没能坚持到他上大学。爸妈离婚，早在李小浩的意料之中，有时候，看到他们像仇人一样不共戴天，他巴不得他们早点儿离婚，这样，自己至少可以过一过安静的日子。所以，离婚后跟着爸爸生活的李小浩，表面上倒也没什么变化，还是一副什么都不在乎的样子。虽然爸爸从来不打他，最多唠叨几句，但是，很明显的一点，他不再像以前那么调皮了，有时安静得出奇，所有的任课老师都发现他上课时有时会发呆，眼神迷离，精神恍惚，完全一副心不在焉的样子。所以，初一上学期期中考试，李小浩成了班上的焦点——倒数第一名。

李小浩的爸爸在家长微信群里得知了这个排名后，一向不发脾气的他，也沉不住气了。那天下午放学后，李小浩刚进家门，他就语重心长地开始唠叨了。开始，李小浩面无表情地听着，听了一会儿，就不耐烦地冲进了自己的卧室，还反锁了门。他爸爸恨得牙痒痒，在门外扯着嗓子吼了一通。可是，任凭他怎么吼叫，李小浩就是不开门，自始至终一言不发。

李小浩的爸爸只好拨通班主任的电话，咬牙切齿地控诉这个不争气的儿子。班主任虽然是个90后的年轻人，但很有耐心。他耐着性子，从李小浩爸爸语无伦次的吐槽中，听到了几个关键词：这个铁石心肠的孩子，倔强，从来不哭；这个学期，父母刚离婚。

第二天下午放学，班主任请李小浩去他办公室聊聊。

“李小浩，我其实早就想和你聊聊天了，一直没找着合适的机会。今天正好，办公室没别的老师，就咱们两个，可以敞开心扉聊个痛快。”班主任笑眯眯地看着李小浩。

李小浩还是一声不吭，他不知道该怎么回应班主任。

本以为是为了期中考试排名和成绩的事才找的自己，谁知道班主任连提也没提，李小浩一下子放松了警惕，轻松下来了。慢慢地，他们谈起了日常生活。李小浩说“我以前最喜欢喝老妈煮的豆浆，她总是会在前一天夜里选好豆子，泡上一晚上，然后第二天早上再打豆浆。我起床的时候，她就煮好了。整个厨房里都是豆浆的香味，特别好闻，她做的豆浆最好喝。”爸爸妈妈离婚之后，他是第一次提到老妈，他自己都觉得有点儿意外。意识到这一点之后，他突然停下来，有一种说不出的难受。

“心里是不是觉得特别难受？”一直笑眯眯地听他说话的班主任，突然来了一句，他看清了李小浩翻江倒海的内心。

“哇——”班主任的这一句轻轻的问话，竟然撕破了李小浩所有的伪装，他的若无其事，他的桀骜不驯——他突然号啕大哭起来，像一个任性的孩子，扯着喉咙，尖着嗓子，任由涕泪横流……

班主任在这种号哭声中听出了一个少年的难受、憋屈，无助……他的眼中也不由得闪出了泪光。但他一声不吭，生怕打扰了李小浩。直到李小浩自己停止了号哭，慢慢地抽咽起来，他才站起来，递给李小浩纸巾擦眼泪，然后紧紧地拥抱了李小浩：“怎么样，现在是不是好受多了？男儿有泪何妨弹一弹！要知道，眼泪可是疗伤的一剂免费良药，痛痛快快地流泪可以缓解我们的紧张，释放精神压力呢。”

李小浩有点儿不好意思地点了点头，但他真的感觉到此刻自己无比的轻松和畅快。

谁也没有想到，就是这一次史无前例的痛哭之后，李小浩像换了一个人似的。是班主任让他明白了一点：男孩不哭，并不意味着坚强。男孩也有哭的权利，心里难受了就要表达出来。善待自己，首先就要尊重和善待自己的感受。自从他明白了这一点之后，他学会了表达情感，学会了交流，学习上也奋起直追。

生活中，每个人都应学会表达情绪，学会做真实的自我，并找到发泄精神压力的良方，与周围的人积极沟通，和谐相处。

养育小贴士

美国的劳伦斯·科恩在《游戏力》一书中表达了这样的观点：

如果不能自由表达情绪，那么孩子或者把情绪封闭起来，为长大后的各种问题埋下祸根，或者就通过其他形式间接发泄出来。游戏力可以帮助孩子找回表达情绪的自由，避免因压抑情绪或者不当发泄情绪而造成的潜在恶果。不表达情绪或者不当表达情绪，都意味着孩子被困在了无力和孤寂的塔楼当中。拥有自信和联结良好的孩子，不仅能使自己快乐地玩耍，而且能通过语言、行动或者主题游戏，让情绪得到直接释放，让大人知道他们的感受。

06

管理好情绪，胜过千万次知识培训

越来越多的家长重视家庭教育，这是好事，但很多家长仍然过于注重智力培养，看重知识的积累和硬实力的培养，而忽略了情绪智力对于孩子的影响。

“不管怎样，当情绪占据支配地位时，智力可能毫无意义。”如果父母不能意识到情绪智力的重要价值，他们的孩子往往会用无奈而沉重的成长经历向他们证明这个事实。

7月初，中考成绩揭晓。这个时候碰到熟人，自然离不开中考的话题。

这不，在地铁上偶遇管小理的爸爸，我还没开口，他便抱怨开了：

“我家小理啊，只勉强上了一所普通高中，而且非得报一个离家特别远的学校不可。那所高中没有任何名气，我们一点儿都不了解。这个家伙，你说怎么就这么不努力，这么不争气呢。你不知道这些年花了我多少培训费……从上五年级时，我们就特别关心他的学习。他妈不知给他报了多少培训班。每个周末，数学啊，英语啊，作文啊，别人上的培训班他都上了。上了初中之后，除了周末，年年寒假、暑假我们也不敢放松，基本上每科都给他报了培训班。他最差的两门，数学和物理，我们还请了一对一的老师，几百元钱一节课呢。那些上培训班的同学，好多都上了名校。可他怎么就没一点儿效果呢。你看看，只有他，考了一个三流的学校，说起来我们都没脸见人了。而且，他学习成绩没提高，脾气倒是越来越大，动不动就和我们吵架……”

面对管爸爸痛心疾首的控诉，我唯有倾听着，无奈地笑笑。管小理的这种情况，几年前我就料到了，当时就为这个孩子捏了一把汗，没想到，这个孩子最终还是走到了这一步。

5年前，我认识管小理一家时，管小理刚上五年级，因为管爸爸公司的生意风生水起，他们举家从郊县搬到市里。管小理也插班到了市里一所有名的新学校。可是，本来在县里学习不错的管小理，到了市里的新学校，成绩直线下降，落入最后几名的行列。为此，班主任几次打电话给他爸妈。管小理的爸爸妈妈听了自然着急上火，一门心思想着怎么提高他的成绩。

当时，我提醒管小理的爸爸妈妈，先不要着急报培训班，要了解清楚他成绩下降背后的具体原因。管小理从县里的小学插班进市里的小学，成绩下降，原因是多方面的，既有学业上的直接原因，也有心理上的间接原因，而且后者可能影响更大。刚刚进入一个崭新的环境，大多数孩子会有一个适应期，城里的课业负担相对要多，管小理自然需要一个时期来适应紧张的学习生活。从心理上说，一个成绩一直很好的孩子，进入新学校新班级后，却跌入倒数几名，心理上会有很大的落差，他不可避免地会产生自卑、沮丧等情绪，自我评价也会很低。这样的消极情绪如果没有及时处理，仅停留在头痛医头，脚痛医脚的表面上，以报培训班来解决学习问题，可能会适得其反。

管小理的爸爸妈妈虽然为孩子的成绩着急，但忙于处理公司的事，哪有闲工夫管这些事呢。他们认为一个小孩子哪来那么多“小心思”，学习成绩好了，一切自然都好了。所以，他们根本听不进我的建议，倒觉得我有点儿小题大做。他们所做的便是赶紧给他报了几个培训班。反正不缺钱，只要听说好，他们就给他报。刚开始，培训班好像还有点儿成效，管小理的成绩上升了一点儿，慢慢到了中游。但是，我也听说他越来越不爱说话，笑容越来越少。

上初中时，管小理的爸爸妈妈为他挑选了一所名牌的寄宿学校。这所学校从办校之日起，便以军事化管理远近闻名。虽然管小理读的是寄宿学校，只有周末才能回家，但每个周末，妈妈也见缝插针给他报了几个学科的培训班，初中三年，从未间断。

奇怪的是，上了初中之后，虽然培训班一个没落下，但管小理的学习却不再有起色。管小理曾跟爸爸妈妈抗议过："我不想上那么多培训班，我连一点儿休息的时间都没有。"可是，管小理的爸爸妈妈相信，学习上必须严格要求，成绩上去了才是第一重要的事情。因此，对管小理的话置之不理。为此，父子俩见面一谈到学习就剑拔弩张，没少吵过架。到最后，拗不过爸妈的管小理，培训班还继续上，人却越来越沉默，要么像个闷葫芦一言不发，要么就像个刺猬，一言不合就和爸妈吵个天翻地覆。

尽管管小理脾气越来越大，心情越来越坏，父母还是没意识到他的"小心思"对学习的影响，更没意识到"小心思"的重要性。他每次周末回家，爸爸妈妈的关注点还是学习，他们一开口便问："你的作业做完了吗？你的学习怎么样？最近的考试考了多少分？"他们从没想到要去了解孩子的情绪、想法和愿望，更没想到他们的强权和威压，会引发孩子的叛逆和反感。

所以，5年过去了，管小理的爸爸妈妈虽然给他报了不计其数的培训班，但他却并没有达到父母的期望。结果，管小理不但没有如愿考上他们理想的高中，更糟糕的是，他成了厌学的孩子，谁跟他提学习他就跟谁急。跟爸爸妈妈的关系也是每况愈下，基本上不说话。

情绪是行为的发动机，要想激发孩子内在的学习动力，首先要接纳他的情绪，帮他处理好负面的情绪。当孩子的学习和情感上遭遇挫折和危机时，他的受挫、压抑及叛逆等消极情绪可能会占据主导地位。这时，父母首先要做的便是接纳和理解他的这些情绪，然后，帮他调控和管理好自己的情绪，解决实际问题。这样，才可能让孩子发自内心地想学习，爱学习，取得理想的学习效果。

养育小贴士

什么叫情绪管理？它是指善于调节情绪，对于生活中的矛盾和事件引起的反应，能以积极方式应对，及时缓解紧张的心理状态，包括情绪识别、情绪调控和情绪表达等方面。

情绪管理训练的5个关键步骤：

1.觉察到孩子的情绪。

2.把情绪化的瞬间当作增进亲密感，对孩子进行指导的好机会。

3.对孩子的情绪感同身受，倾听孩子的心声，认可孩子的情绪。

4.帮助孩子表达情绪，用言语为情绪贴上标签。

5.鉴定界限，指导孩子解决问题。

07

当孩子准备放弃时，请和他共渡情绪难关

随着孩子慢慢长大，进入学龄期，大多数家庭可能都会考虑一个问题，让孩子学乐器。然而，随着学乐器的时间越来越长，孩子可能会面临一个问题：特长学到半路，不想学了，要放弃。那么，在孩子学特长时，父母要不要逼，怎么逼?

在我看来，这种时候，最关键的是和孩子共渡难关。如果要逼孩子学特长，最重要的是先学点儿攻心术。

这是一个灰头土脸的秋天。

早上，我到办公室的第一件事是习惯性地看朋友圈。

儿子的绘画老师欧阳在微信朋友圈转发了一篇文章《爸妈，为什么当初你们从不逼我》。其实，这篇文章我之前已经看过了。这次因为自己在思考问题，所以又仔细地从头到尾看了一遍。

作为一个母亲，辛辛苦苦咬着牙关，陪儿子学了整整10年小提琴。10年呀，各位父母，个中的艰辛只有过来人才能体会。感慨之多，几可成书。

10年学琴史里，记不清孩子闹过多少次情绪，记不清我和孩子到底谈判过多少次。

谈判的内容，有时是为到底今天练不练琴，有时是为到底练多少分钟。儿子在练琴的时间上，会精确到分，比如说11分钟，23分钟，一分钟也不愿意多练。有时，涉及的是核心问题——到底要不要继续学下去。

记忆里最深的两次闹情绪，一次是儿子上小学三年级的时候。有一次，大概他正在做自己喜欢的事情，被我强行逼着练琴。在被赶鸭子上架后，一向温和的他，抱着小提琴一屁股坐在沙发上，边号啕大哭边说："真是生不如死，我不要学小提琴了！"当时，我第一次听着一个才8岁的孩子说出这样的话，我感到自己的心脏好像立马要跳出来似的。我小心翼翼地快速离开事发现场，去客厅"避难"。然后，侧耳倾听房间里的动静。

大概是这种号啕痛哭很解气，发泄了他学琴以来积压数年的恶气，过了一会儿，房间里竟意外地传出了吱吱嘎嘎的琴声——尽管我分明听出了其中的不开心和别别扭扭，但是，我的心总算放下来，长吁了一口气。我知道，孩子的情绪平静下来了，所以没让我逼，自己开始拉琴了。

事隔10年，我还记忆犹新。我永远都记得儿子当时痛哭流涕的样子，还有那痛彻心扉的神情。我很庆幸，当时虽然我教育经验不够，但我及时刹车，让儿子哭了个痛快，让他的负面情绪得到了彻底的宣泄。

还有一次印象深刻的谈判，是在他上初二的时候。一个晴朗秋日的周六，母子俩在校园洒满阳光的葡萄架下，进行了一次郑重其事的交流。"老妈，我真的不想学小提琴了，我实在没时间练琴。班主任老师也说要我别学这么多特长了。"儿子首先抛出这个话题，非常冷静，显然已是深思熟虑了。

说实话，儿子学琴学得不痛快，我心里也很纠结，学还是不学？不过，我还是偏向坚持学下去。因为我有两个闺密，以她们孩子学乐器的经验，都给过我忠告：千万不要放弃，一放下就难得再继续学了。哪怕是半个月学一次，一个月学一次也行。

我没有责怪他，而是语重心长地跟他分析："儿子，放弃是很容易的事情，说不学就不学了，坚持却很难。妈妈刚刚在《读者》上看过一篇文章，上面说一个人在做一个决定的时候，不仅仅要考虑以前，而是要考虑三个月后，一年后，十年后会不会后悔。三个月之后，你不会后悔，一年后也可能不后悔，可是十年后呢——想想啊，十年之后你在做什么？大学毕业了？那个时候，你说你会不会后悔呢？"

“十年后，嗯，大学毕业了。可能会后悔吧。”儿子听了我冷静和理性的分析，也觉得有道理。

“如果实在没时间，我们就改一下时间，半个月上一次课，好不好？如果你哪天实在没时间练琴，也可以不练，好不好？”最后，我提出了自己的方案。

“好吧。”谈判的最终结果是，孩子同意继续学下去。

当时，上了初中之后，学乐器的同学往往不再继续学习，改为专攻文化课了。就连同儿子一起长大的小伙伴，也是从小学一年级开始学琴的，一上初中之后便再也没摸过琴。

所以，在如此艰难的情况下，儿子还能接受我的意见，答应继续学下去，实属不易。生活中，我更懂得如何接纳他的情绪，跟他一起渡过情绪难关。

10年里，我认为最关键的是，在孩子想放弃时，首先，你一定要咬紧牙关不放弃；其次，一定要和孩子共渡难关——最核心的是情绪难关。学乐器，学到四五年的时候，往往是最艰难的。孩子可能会觉得枯燥、无聊、厌倦，产生放弃的想法是正常的，我们要接纳他的情绪，但行动上我们要采取措施，帮助他度过瓶颈期。

养育小贴士

让孩子学特长，父母先要有充分的心理准备。这是漫漫长路，其中充满艰辛，可能荆棘密布，过了一道坎儿又来一道坎儿，绝不可能一帆风顺。特别是学乐器之初，枯燥可能多于乐趣，厌烦可能多于开心。父母在陪练陪学的过程中，一定要做好情绪功课。既要控制好自己的情绪，不要太急躁，少指责，多鼓励；也要让孩子大胆表达自己的情绪，平静接纳孩子的不良情绪。

CHAPTER 04

学习，多一点儿娱乐

孩子有学习的义务，也拥有娱乐的权利。学习与娱乐从来不是对立的。给孩子适度的空间和自由，往往更能激发其内在的动力和自我管理的潜能。人的大脑也需要休息和放松，适度的、高质量的娱乐，往往会带来优质、高效的学习效果。

01

“填鸭式”的培训班，只会助长孩子的惰性

当孩子的学习出现了严重的问题时，比如厌学，不做作业，考试交白卷等，怎么办？一些焦虑又无助的父母，往往病急乱投医，采取的方法是头痛医头，脚痛医脚——将培训班当作救命稻草。他们拼命地给孩子报培训班，甚至不惜重金，每一科都请家教，一对一辅导。不管孩子本身愿不愿意，反正先把他们塞进培训班，父母的焦虑就被冲淡了，他们的心里就踏实了、安心了，至少精神上有了安慰——我教不了他，有培训班的老师管着他呢。但实际有可能不但达不到期望的效果，反而会适得其反，让孩子对培训班产生依赖心理，养成思维惰性。

“冯爸爸，今天冯立迪的历史考试又交白卷了。你知道，这已经是他第三次交白卷了。这次考试明明有两道大题是寒假作业的原题，他竟然笔都不动，这只能说明一个问题——他根本就没把考试当一回事，也根本没做寒假作业。历史这一科是中考的考试科目，现在离中考只有三个多月的时间了，再这样下去就麻烦了。我知道你很忙，公司事情多，但我必须对你家的孩子负责，对你们家长负责，所以，我得把这个情况告诉你，希望你们采取有效的措施。”冯立迪的爸爸正在公司开董事会，一看到手机上显示的是儿子班主任的电话，不敢怠慢，赶紧接听电话。班主任跟他说了上面一番话。班主任就是历史老师，这个孩子竟然敢接二连三地交白卷，该拿他怎么办？这个平时在公司里叱咤风

云、运筹帷幄的人，在家里，却拿那个叛逆的小子束手无策。软硬兼施，对他都不起作用。

冯立迪上次交了三张白卷，除了数学、物理，还有历史。三门功课交白卷，创下他所在学校的历史新高。这是一所名校，班主任又是一个刚毕业不久的90后，意气风发，激情满怀，没想到班上竟然出了一个“白卷先生”，第一件事就是找父母来面谈。冯爸爸一听班主任说的情况，面子上自然是挂不住，一个劲儿地跟老师道歉，说只怪自己公司业务繁忙，平时没时间管孩子，妈妈又太娇惯孩子，所以惯出了他一身的坏毛病。以后，自己肯定会多抽时间来管孩子。

冯爸爸先让冯立迪的妈妈去打听学校附近最好的培训机构，找到每门功课最牛的老师，然后，给冯立迪每一门功课都报了一对一的培训班。

因为事先并没和冯立迪商量，于是，冯立迪一听就反感得不行，马上要“炸”了。但是，他知道，既然是爸爸做的决定，那么，在这个家里，他就没有反抗的可能。言出必行，这是爸爸的处事原则，他从来说一不二，家里人谁都知道这一点。本来他从小就是妈妈带大的，爸爸基本上没陪过他，在他的记忆里，爸爸抱他背他的次数都屈指可数，更别说和他好好地交流了。所以，在他心里，总觉得爸爸高不可攀，八面威风，除了敬畏，对他没有亲近的感觉。

同时，妈妈又苦口婆心对他说：“宝贝，求求你了，你就答应了爸爸，去参加培训班吧。他毕竟也是为了你好，为了帮你把学习补上去。”两面夹攻，冯立迪便只好表面顺从，该去上培训班时就背着书包去上课。可是，本来就憋着一肚子气的他，根本就不想上培训课，心里就只想着怎么打发掉上课的时间。好在一对一的老师态度很好，很平易近人，又非常有耐心，特别会因材施教，连吊儿郎当的冯立迪也慢慢地被打动了。有了老师的精心辅导，学校里布置的作业他都带过去做一点儿，学习上慢慢也有了起色。冯立迪的爸爸自然大喜过望，觉得这钱花得太值了，展望未来，觉得儿子的前途一片光明。

刚放寒假的时候，那七个一对一的老师都轮流给冯立迪上课，每天得在他们的监督下完成布置的课外作业。放假比没放假还累，冯立迪觉得自己身心俱疲，累到了极点。好在春节来临，老师们都纷纷回家过年了。冯立迪终于有了喘气的机会，老师们一走，他便如释重负，疯狂地玩儿起来。再说，大过年的，爸爸妈妈为了图个开心吉利，虽然希望他也能抓紧时间学习，但不想惹得他不高兴，便也睁一只眼闭一只眼，让他随心所欲地玩儿。后来，马上要开学了，他还有一大半的寒假作业没做。妈妈催他抓紧时间做，他懒洋洋地来了一句："一对一的老师还没来，他们不讲，我不会做。""历史作业，教科书上总应该找得到答案吧？"妈妈反驳道。"这书上的答案太零散，没整理出来，我懒得去一页页地翻，一句句地去整理。培训班老师那里都有现成的，到时抄一下就是。"他讲得头头是道，把妈妈给搪塞了过去。所以，便又出现了入学考试历史再次交白卷的情况。

孩子学习成绩不好，家长动不动就给他请家教。这样简单的解决方式，直接导致孩子的学习越来越被动，越来越依赖家教或培训班。长此以往，家教或培训班就成了孩子学习路上的"拐杖"，孩子就不会自己解决问题，探究提高学习成绩的办法。

对于父母来说，仅仅求助外在的力量，求助"填鸭式"的培训班，而不能解决孩子的情绪问题和内在的动力问题，即便孩子的学习成绩有了进步，也只是暂时的，只会助长孩子的依赖性和学习的惰性。

养育小贴士

学习是一件需要持之以恒的事情，动机是关键的因素。而动机分为外部动机和内部动机。外部动机是指来自社会和他人的压力，出于义务或被强制、被要求的因素；内部动机则是指受好奇心、自我成长的需要等驱动，体现的是自己的意志，表达的是自己想做某件事的强烈意愿。它的行动本身就是它的目的和需要，而不是为了实现某个确定的目标而行动。

02

激发孩子的内在动力，学习才会轻松

我们习惯了教育孩子“学海无涯苦作舟”，强调孩子要刻苦。但学得有趣、学得轻松一点儿不是更好吗?

不管是小学阶段还是中学阶段的孩子，如果采取他们喜欢的方式方法，激发他们参与的兴趣，就可能有效地激发孩子的学习动力。

只有激发孩子学习的内在动力，将“要我学”转变为“我要学”，孩子学习起来才会自觉主动，积极思考，乐于学习。

微信朋友圈三条不同的内容，引人深思，感慨良多。

第一条怨气冲天，焦虑四溢：默念一百遍亲生的，没法阻住心力交瘁、痛心疾首之感。一个初一男孩的妈妈，自己是资深教师。为了陪孩子学习，她趁着暑假有空，一心一意陪读，陪儿子读国学经典，背英语单词，刷数学题。结果让她无法淡定：尽管自己天天苦口婆心地念叨，并且亲力亲为，陪伴左右，一门心思让儿子抓紧时间查漏补缺，儿子却玩心未泯，一听说玩儿就电光四射，浑身来劲，一提学习就发蔫。尽管在她的威逼利诱之下，儿子每天也在家里坐了几个小时，可是，一个暑假下来，她发现自己读的书比他多，刷的题比他多……自己倒收获多多，俨然成了主角。为什么母子俩会出现戏剧性的角色错位?因为妈妈的学习动力比孩子的更强烈。妈妈渴望能在暑假里帮孩子查漏补缺。而孩子到底是怎么想的?她是怎么想的?妈妈只字未提，可以看出，暑假补课事件，一开始只是妈妈一厢情愿的想法。儿子就是被动地学，是被妈妈逼着学。他的内部动机完全没有启动，自然缺乏内在动力，所以，尽管妈妈苦口婆心，费尽心思，孩子却怨声载道，以各种理由借口不学习。

第二条则充满快乐和轻松。内容来自一个亲子教育机构的妈妈，这个妈妈懂儿童心理，随着孩子慢慢长大，一家人一起玩儿的方式也不一样了。

今天晚上的新玩法是，妈妈出数学题，类似数学数列，照着书上报一串数字出来之后，爸爸和孩子抢答出后面按规律写出的数字……

没有想到，所谓的“奥数”，也可以变成一家人的游戏，真让人感到高兴！

在玩游戏的过程中，我感到奥数本身其实是不错的东西，有总结，有规律，有各种需要解决的问题……

奥数本身不是负担，片面对待奥数的方式，才是给孩子形成负担的本质。

近年来，反对小学生参加奥数培训班的呼声很高，很多人认为没必要学奥数，有的甚至认为，奥数会让孩子对学习数学丧失兴趣。对于孩子到底学不学奥数，一些父母会觉得有点儿纠结。

可是，这位讲师妈妈，采取和孩子一起玩游戏的方式，一家三口玩起了奥数游戏，每天将做题玩儿当作一天中固定的项目。这种轻松、有趣的学奥数做奥数题的方式，不但让孩子体验到奥数的乐趣，还激发他主动学习的动力，所以，到最后，根本不需要这个妈妈催促、逼迫孩子去做奥数题，孩子自己主动要来和他们一起“玩奥数”。一家三口其乐融融，孩子欢喜，父母轻松。

可见，游戏既会让学习变得有趣、快乐，在爱学习的家庭里，又能让一家人同步起来，有共振，更和谐，更亲密。

第三条来自一位我认识的英语老师，她深有感触地说：“很多时候，如果孩子学不好或讨厌学习哪门功课，首先要深入了解其厌学背后的深层原因，帮他消除厌学的情绪是关键。否则，补再多的课，做再多的练习，都不能从根本上解决问题。而一旦让他喜欢上了这门功课，许多问题就会迎刃而解，老师教起来也轻松很多，效果立竿见影。”

原来，这位英语老师暑假在做一对二的家教，辅导的是两个即将上初二的男孩。给他们上第一次课时，她便发现这两个学生的英语学习基础惊人的相似：单词不认识几个，语法一窍不通。几乎是零基础，怎么教呢？好在她什么情况的学生都教过，没批评也没说教。多上了两次课，稍微熟悉一些，她和他们聊了聊天，才了解到真实情况：他们在学校从来没认真听过英语课，考试就全靠蒙，答案随便选，一般得个几十分，从来没及过格，是班上典型的差生，自然是被英语老师列为“无可救药”的孩子。几乎是每考一次就挨批，每天交作业就挨批，越是挨批越是不想学，你要我背单词我坚决不背，你让我做语法练习我看不懂不想做。换句话说，他们并不是英语学不好，而是从心底里讨厌英语，反感英语。

怎么办？这位英语老师想，要想在暑假期间帮他们把英语基础补上来，把落下的功课补起来，自然不能像他们学校的英语老师那样批评他们，首先得让他们对英语产生兴趣，产生“我想学英语”“我要学好英语”的念头。细心的她发现了一个细节，这两个男孩都喜欢听歌，每次来上课都戴着耳机。她便灵机一动，从网上搜了英文歌排行榜上最流行的几首放给他们听。告诉他们，先认真听，然后告诉她最喜欢听哪一首。哈，没想到，这两个孩子，还真的被她激发了兴趣，兴高采烈地听起来。结果，其中一首的旋律吸引了他们，他俩不约而同地选了同一首英文歌——这首歌也是老师自己喜欢的一首。于是，她和他们一起唱起来，他俩边唱边抄歌词，主动地抄单词，这可是破天荒的事。而且，他们还主动地向老师询问歌词中不认识的单词，她便趁热打铁，不失时机地跟他们讲解了歌词中所包含的很常见的句式表达。结果，一节课下来，他们竟然把那一首歌词背下来了，很开心地跟她告别，还说：“老师，这样上课很有趣，下次你再教我们一首新的英文歌吧。”——看来他们产生兴趣了，不再反感英语。

确实，孩子有时讨厌某门功课，可能是因为一开始接触这门功课时就受挫了，然后挨批了甚至被惩罚了，于是日复一日陷在消极的情绪里，日渐烦恼、厌倦。只有帮助他们消除了情绪障碍，他们才可能去主动地学习，接受知识。

养育小贴士

学习的内在动力，是动机和兴趣，还有成就感和愉快的体验。孩子自己想学的，他们感兴趣的，容易获得成就感，也容易产生愉快体验，学习起来就会积极主动，就能长期坚持。

03

成就感——激发孩子学习动力的妙招

孩子不愿意学习，或学习起来没精打采，总是要爸爸妈妈或老师逼着、赶着，才被动地去学习，心不甘情不愿地去完成作业和学习任务。孩子在学习上这些典型的不良表现，常常令一些父母感到非常棘手。因为孩子的这些行为，传达出的是“我是在为你们学习”，本该是主角的他，却似乎成了配角，成了围观者，成了学习上的“吃瓜群众”。

怎样才能激发孩子学习的动力？怎样才能解决孩子学习动力不足的问题？这是许多父母共同关注的问题。

其实，真正要激发孩子主动学习的积极性，行之有效的一点就是，让孩子从学习中获得成就感。

什么是成就感？它是个体对自我能力的一种积极感受——愉快、满足或成功的感觉，它直接影响到个体的自我评价，是构建儿童自信心的基础。当孩子感受到自己“有能力”时，他就会更加积极、主动地努力，自觉自发地努力。

成就感从何而来？刚开始，也许只是微不足道的进步，但哪怕只是一丁点儿的进步，父母都要及时给孩子鼓励和赞赏，让他觉得自己有能力做好某一件事，并由此获得快乐和喜悦，让他发现自己的优势和潜能，他就会慢慢地建立起自信，逐步地激发他内在的动力。长此以往，他就会变得愿意去主动学习，从“要我学”变为“我要学”。

儿子上小学四年级第一学期的时候，我给他检查语文作业时，发现他写的字越来越难看：东倒西歪，不端正，也不工整，有些潦草，一看就是应付式地完成作业。细细一问，才了解到一个情况，从一年级开始带他们的班主任老师因病请假，来了一个年轻的女老师临时代理语文老师和班主任。难怪那段时间他的语文作业如此敷衍！

我决定亲自出马，督促儿子把字练好。每次看到他字迹马虎，我就要求儿子把字写工整，儿子每次也答应得好好的；虽然代课的语文老师也布置了练字的家庭作业，每天要临摹一板或两板生字新词，但儿子的书写还是不见起色。

有一天给儿子检查家庭作业时，我突然想起了自己小时候的事情：每当交上去的语文作业中，有写得漂亮的字，老师都会用红笔将那个字画一个圈，以示表扬。所以，每次老师下发作业时，我都会睁大眼睛去找画了红圈的字，那一板作业上红圈画得越多，我越开心，越有成就感，自豪感会油然而生。那时候，满板的红圈圈就仿佛一朵朵鲜艳的大红花，是对我最大的鼓励。我突发奇想，我可以用这样的方式来鼓励儿子。说做就做，我兴冲冲地找来一支红色圆珠笔，和儿子一起睁大眼睛，在他的语文作业里寻找写得还算工整的字。每找到一个这样的字，我就对儿子说："这个字写得不错，很工整。"然后，一丝不苟地画上一个红圈圈。"哇，儿子，你看，这里还有一个字也写得不错。""这个字这一横如果再加长一点儿，就好看多了。"我和儿子头挨着头，一行一行地看下去，只要有值得肯定的笔画，我就给它画上一个显眼的红圈圈。随着画红圈的字越来越多，儿子越来越开心，眼睛越来越明亮，我看到信心和兴趣在他的眼睛里燃起来了。

那一天，我没有一句说教，只是用行动对他的书写给予肯定和赞赏。从那一天开始，奇迹真的发生了：不用我多说一句哪怕提醒的话，儿子开始自觉地认真对待他的书写。他的字写得一天比一天好，每一天我都能惊喜地发现他的进步。这种画红圈圈的时光，也成了我们母子俩每天期待的快乐时光。这种画红圈圈的日子，我和儿子一直坚持了好几个月。到后来，他的字写得越来越工整，越来越大气，他和我都感到非常满意和开心。自然而然，后来我根本不用再操心他的书写问题了。

从开始的被指责、批评，被一再否定，到第一次意外地获得肯定和鼓励，虽然我画的是几个普通的红圈圈，但儿子却从中获得了不可言喻的成就感。就是这来自他内心的小小的成功体验，使他对待书写的态度发生了根本性的变化。而我画的那一个个红圈圈，无疑也对他起到了积极的强化和激励作用。

这件事让我得到了很大的启发，不管儿子学习哪门功课，学习哪些特长，在儿子后来的学习和生活中，我尽可能多地发现他的优点，看到他身上的闪光点，寻找那些值得肯定的细节，让他尽可能多地体验到成就感。我相信，正是为了一次次重温那种妙不可言的成就感，儿子才变得自愿自觉地去努力。正因为如此，孩子在学习上主动、积极，作为妈妈，我也越来越省心，越来越开心。

养育小贴士

画红圈圈的方法，从心理学上来说，就是“阳性强化法”。

阳性强化法，又称正性强化法、奖励强化法，通俗地说，即运用正性强化原则，当儿童出现符合规定和要求或期望的良好行为时，立即给予及时奖赏、强化，使儿童感到愉快和满足，以增强良好行为出现的频率，从而形成良好的习惯。对儿童不良或不适宜的行为，则予以漠视和淡化。这种方法，对学习困难的儿童，往往能起到非常有效的作用。

04

娱乐，是孩子的权利

爱玩儿是孩子的天性，更是孩子的权利。

可是，一些父母，却总是希望孩子不管什么时候，都能一心扑在学习上。在他们眼里，孩子只应该学习，不应该娱乐，不应该玩电脑，不应该玩游戏。

实际上，真正会学习的孩子，也是会玩儿的孩子，他们从来不是那种只会扑在课本上或泡在题海里的人。他们往往会把玩儿当作自己生活的重要内容。

大脑不是简单的机器。它的构成如此复杂。它的神经通路仿佛迷宫。它需要时不时地放松。它需要时不时地分泌多巴胺。

要想让孩子好好学习，就要给他们提供一切可能的机会，让他们充分享受娱乐、休闲和游戏的权利。这样才能让他们玩儿得痛快，学得认真。

周一担心早高峰堵车，于是我早早地出发上班，果然一路畅通，到办公室时，还不到8点。上班的地方在郊区，这个时间，长长的走廊里还静悄悄的。

“咦，你每天比我来得还早啊。”远远地看着隔壁的办公室，发现门已经开了，明亮的阳光射进走廊。稳稳妈已经坐在电脑前埋头工作了，我走进去和她打了个招呼。

“是啊，每天要送孩子上学，自然来得早。”

“呵，是啊，我都忘记你已经是初中孩子的妈了。”

“你们几点起床啊，几点去学校？”两个母亲一聊起孩子的日常，便会具体到起床、吃饭和上学等具体而琐碎的事情，而且会将时间精确到分钟。

“她现在6点40起床，比之前晚了10分钟。她现在觉得晚10分钟起来也可以。”

“哦。”

“她是要去学校帮老师收作业，如果不用收作业，她就没必要去那么早。老师问她为什么不当班长、学习委员，她说在小学都当过了，没意思，所以她这次当的是文娱委员。老师看她责任心强，做事有条理，所以让她去帮忙收作业。”稳稳妈一说起自家孩子的事，自然如数家珍。

“嗯，她是典型的理科思维，做事情思路非常清晰。”我对稳稳的这一特点，印象非常深刻。她在上小学五年级的时候，那一年暑假，有一天，她跟妈妈来办公室上班。正好我有一个任务，要将十几本长短不一的书装袋。看她暂时闲着，便请她来帮我的忙，稳稳爽快地答应了，帮我一起把书装进袋子里。“阿姨，书要这样放。长的放这一头，短的放那一头。”本来只负责帮我撑开袋口的稳稳，看到那十几本书，有的长，有的短，我放起来没规律，袋子有点儿东倒西歪的，便提醒我。然后，非常麻利地把书码好。有了这样得力的小帮手，我们很快就完成了这个任务。

敏锐的观察能力、思路清晰、果断、麻利，一次小小的合作，稳稳的这些特点给我留下了特别深刻的印象。任课老师请她去帮忙，情理之中啊。

“是的，我这里还有一本她小时候的备忘录，今天刚好翻到了。你看一下。她做作业从来都是这样列得清清楚楚的。”说着，稳稳妈咯咯笑着，翻出一个巴掌大的小本子。

“这可能是好几年前的作业本。看那字写得好幼稚。不过，你看每一项作业都写得清清楚楚，还画了图。最有趣的是，每一天作业的最后一项都是玩耍。”

一页一页地翻过去，我和稳稳妈边看边笑。

“你看看，人家有多喜欢玩儿，这里写了三个‘玩’字呢！”看到写了三个“玩”字的那一页，两个母亲为稳稳的童心所打动，我们看得哈哈大笑。

我们再仔细一瞧，稳稳画的玩的内容可丰富了，一共有四项："玩电脑、阅读、打球和画画。"被许多父母视为洪水猛兽的电脑游戏，她堂而皇之地列入玩耍的项目里。

我好奇地问："游戏你们也让她玩啊？"

"这有什么啊。他们这一代能不玩电脑吗？想禁是禁不住的。我们就让她玩儿，没觉得这有什么不好啊。"

"也许吧，越自由的孩子越自律。"这一点，我倒也表示认同。

"我要把这个小本子好好收起来，等她以后长大了给她看，她肯定会觉得很有意思。"稳稳妈把小本子小心地收起来。

"那是，你要好好保存哦，以后可能会请你去给别的家长讲课：'学霸'是如何养成的。那时候，可以把这个展示给大家看看，告诉他们，'学霸'是这样玩儿出来的。"

"哈哈，据说，同学们现在不叫她'学霸'，而是叫她'学神'了。"说到"学霸"这个词，稳稳妈又接着说："估计没有谁能做得像我这样放手呢。从她上一年级开始，她的作业我从来不管，我都是要她自己检查的。我认为学习就是她自己的事，干吗要我来管呢。""放手"是稳稳妈最经典的经验总结。

"是啊，要有异于常人的培养方式，才能培养出非同寻常的孩子。"说到放手，我问心有愧，真心佩服稳稳妈放手的力度和强度。

这个"学神"，是我看着长大的。

稳稳妈对稳稳属于放养类，从小喜欢阅读的稳稳，学习能力和思维能力远远超过同龄人。学校的功课对她来说小菜一碟，轻轻松松即可应付。所以，她有很多的时间来玩儿。她不但从小就爱玩儿，玩耍种类还特别多：画画，学架子鼓，自学吉他等。她擅长做手工，动手能力超强，创意思维出类拔萃，曾和小伙伴们一起参加DIY大赛，获得了一等奖。现在上初中了，按说功课增多了，作业多了，但她一样应付自如，还跟以前一样地爱玩儿，只是玩儿得更出色了。她现在的梦想是组建一支乐队。

学习和玩耍，娱乐和休闲，对稳稳来说，一样重要，二者从来没有冲突过。

稳稳妈在学习上放手的同时，也放手让稳稳去玩儿，让她有足够自由的时间和空间去做自己喜欢做的事情，去发展自己的爱好和兴趣。因此，学习和玩耍，娱乐和休闲，对稳稳来说，一样地重要，也从来没有冲突过。她在两者之间游刃有余，自由自在地成长着。

养育小贴士

不是所有儿童都对父母和教师提供的活动感兴趣，他们也不会像父母和老师所认为的那样重视这些活动。虽然我们想要培养儿童对差异的容忍度，但是尊重个体的喜好却能够更好地促进儿童内部动机和驱动力的发展。

（《“被”虚拟化的儿童》第162页，〔加〕克里斯·罗文著，李银铃译，华东师范大学出版社，2013年版）

05

什么时候玩耍什么时候学，孩子自己做主

“没有规矩，不成方圆。”很多父母对这句话深信不疑，所以，他们从孩子上学时起，大多就立下了一个这样的规矩：要想玩耍，必须先完成学习任务；没有完成学习任务，不能先玩耍。

学习和玩耍，在一些父母眼中，是势不两立的。玩耍的同义词，似乎是不务正业，肯定会让孩子分心，会影响孩子学习。而学习，则是满满的正能量，自然是必须无条件优于玩耍的。

什么时候玩耍什么时候学？这个看似简单的问题，却引发了不少父母和孩子的冲突。父母认为，孩子还小，要养成良好的学习习惯，所以，学习总得督促他，先完成作业才能玩耍。孩子认为，学习和玩耍都是自己的事，用不着父母管。

米童妈和米童，是一对身心俱疲的母女。

米童妈是一个精算师。她觉得自己过得很累，像个陀螺转个不停，没有一刻停歇。白天在公司忙个不停，下班后回到家，还得马不停蹄地管上小学三年级的女儿。每一周，她以一个精算师的职业精神，都要亲自为女儿制订每天的作息计划，精密细致，精确到分钟。每天米童一放学，米童妈的头等大事，就是催促她立即做家庭作业。女儿的每一门功课，她都要仔细检查，一道题一道题督促她做完。如果女儿没按时做完作业，或没做好作业，米童妈就比自己的

工作没完成还着急，一急躁，就忍不住对女儿大呼小叫。母女俩总是闹得不欢而散。

米童也觉得很累。她感觉一回家就时刻被妈妈追在后面，赶着做作业，赶着练琴。她在日记里写道："每天放学回家，我的腿刚迈进门槛，妈妈第一句话就是说：'赶紧去写作业吧！'刚做完作业，还没来得及休息，妈妈又叫我拉琴。让我难以忍受的是，每当我拉小提琴时，妈妈还总会在我耳边不停地唠叨：'指型不对啦！''节奏不对！''琴托托高一点儿'……妈妈的话就像一根根无形的绳索，紧紧地勒着我。我多么希望摆脱妈妈的束缚，可以随心所欲，自由自在，想什么时候玩儿就什么时候玩儿，想什么时候学就什么学，想什么时候练琴就什么时候练琴，那该多好！"

班主任老师看了这篇日记后，给米童妈打了个电话，约她来学校谈一谈。

看到米童的日记，米童妈又生气又尴尬。

"米童妈，学会放手吧。学习、练琴是孩子的事情，你干吗不让她自己做主呢？"班主任说得倒是云淡风轻，一副见怪不怪的样子。

"我不放心，孩子还小，怎么能由着她想怎么来就怎么来呢？"米童妈脱口而出。

"据我所知，米童是一个爱学习，也会管理好自己的孩子。她的问题可能就出在你管得太多，你不如放手，让她自己去安排自己的学习。如果你不放心，可以先和米童约定一下，先试行一周？如果她能做到三周都这样，你就可以放手了，宏观调控即可。"班主任倒也理解米童妈的担心和忧虑，便提出了可行的试验方案。

有了班主任的劝说，米童妈尽管很不放心，还是决定试着放手。

接下来的那一周，米童妈没有为米童制订每天的作息计划。"童童，以后，你的学习计划你自己来制订，好不好？接下来一周的计划，你自己来做安排。""是真的吗，妈妈？"米童不敢相信地问妈妈。"是真的。不过，这是试行期哦。如果你能把自己的时间安排好了，把学习、练琴、体育锻炼等各项事务都安排得井井有条，并真的按计划执行了，妈妈才会最后把计划大权完全交给你。”“我一定会的，太好了，谢谢妈妈！”头一次获得了时间自主权的米童，高兴得手舞足蹈，一个劲儿地抱着妈妈亲。米童妈被米童的高兴劲儿所感染，心情也好起来。她头一次发现，原来放手的感觉这么轻松。当然，在米童埋头做计划时，米童妈没忘记提醒她："童童，现在是秋天，一年四季中最漂亮的季节，你可不可以考虑安排一下周末的时间，出去玩儿一玩儿？”

米童兴高采烈地拿出一周的计划给妈妈看，米童妈发现，女儿的计划并不符合自己的设想。比如，她期望米童周六之前能把所有作业全部完成，然后周日痛痛快快地出去玩儿。但是米童给自己订的计划是周五晚上、周六上午和周日下午分别完成一些作业。这样的安排科学吗？为什么不能先完成学习任务再玩耍呢？这正是自己最担心的问题。不过，抱着试试看的心态，米童妈努力控制住自己，没有对米童的计划和安排提出异议。

但是，米童妈发现，米童确实在按自己的计划执行，每天都完成自己安排好的作业。米童妈以前一直担心，放学后先玩儿再做作业，米童可能无法集中精力做作业。事实上，她冷静旁观时，发现当米童玩儿得痛快了再去做作业，效率比先做作业再玩儿高得多。

还有，米童妈注意到了一个现象。以前，米童一放学，米童妈见到她张口就问："作业做完了吗？快点儿去做作业。”米童呢，也不直接说不做作业，但她总是找各种借口拖拖拉拉。“妈妈，我可以吃点儿水果吗？”平时，米童妈为了保证她的营养，要求她一天至少要吃一个苹果。这样的要求，她没理由拒绝。吃完水果，米童终于在妈妈的催促下进了书房。刚坐下来一会儿，书还没翻开，米童又开始呼唤："妈妈，我口渴啦，给我端杯水进来。”喝水，也是正当要求，米童妈只好赶紧把水给端进去。

自从自己安排时间之后，现在，每天放学回家，米童放下书包，立马飞奔出去。当她按照自己的计划在小区里玩儿了一个小时回来后，她走路都是蹦蹦跳跳的，像一只欢快的小麻雀，满脸开心的样子。不用催不用喊，她哼着歌儿，自己主动走进书房。米童妈竖着耳朵在外面听动静等命令，咦，平时的那些吃水果、端茶送水的小要求，现在都自动废除了。所以，以前要40分钟才能完成的作业，现在米童20分钟就完成了。

米童妈悬着的心，总算放下来了。

父母如果能把学习的自主权和玩耍的决定权交给孩子，让孩子从小学会选择，学会担当，学会为自己的行为负责，那么，孩子的“内部动机”才会启动，他才会驱使自己去主动地采取行动，并乐意坚持下去，否则，如果只是迫于外在的压力和动机，孩子就会找出各种理由延迟或放弃行动。

养育小贴士

动机分为外部动机和内部动机。

外部动机，主要来自义务、强制等外在因素，大多有一个明确的目标。内部动机，主要是受好奇心、自我成长的需要等驱使的，不光是为了实现目标而行动，行动本身就是目的。

（《性格心理学》第11页，〔日〕原田玲仁著，郭勇译，湖南文艺出版社，2012年版）

06

放松的大脑让学习效率更高

大部分的学生如果学习成绩不够好，往往和学习效率不高有关。

事半功倍，有效提高学习效率，是孩子、父母和老师共同的心愿。

越到学习紧张的关键时刻，比如升学阶段，面临中考或高考，学习效率显得越重要。

但要想提高学习效率，除了平时养成良好的学习习惯，有意识地培养学习兴趣，还要学会调节学习时的情绪。

马上要高考了，高悬于教室内的倒计时时间表，那醒目的数字一天天减少，班上的氛围一天天紧张起来。可是，英语学习一直在班上遥遥领先的高子妍，在这次二模时竟然跌至谷底，只得了119分。她自己都不敢相信，这次竟然连班上平均分都没达到，发下试卷时，英语老师也意味深长地盯着她看了一会儿，让她不敢直视。平时，她的英语考试随便都是135分以上，有时140分，最高的一次达到了146分。正因如此，高子妍已经将英语列为自己的优势科目，希望高考时能为自己提分。这次惨败给了她当头痛击，她心里有说不出的懊恼和沮丧。

下晚自习回家，高子妍还没从这种难过的情绪里走出来。她觉得自己好衰，像肥皂剧里没用的人。她没有一丝表情地走进家门，没理会妈妈的问候，也懒得跟爸爸打招呼，直奔自己的卧室，一进门，直接把自己像木头一样扑通一声扔在床上。柔软的被子和舒适的床给了她一如既往的拥抱，也似乎抚平了她心中的焦虑。当她把脸埋在被子里的一刻，她突然觉得自己像一只把头埋在沙堆里的鸵鸟。“不能这样！怎能被一次模考打败呢！”她像打了鸡血一样猛地从床上弹起来，头脑里冒出一个强烈的想法：“今天晚上，我一定要做完20篇阅读理解。每篇限时5分钟，20篇也就100分钟。现在才10点半，奋斗到12点10分，我就可以完成任务。”这样一想，她立马拧亮台灯，翻出一堆试卷——高三生最不缺的就是各种试卷和练习册。

高子妍开始做第一篇阅读理解，可是，似乎沮丧和懊恼消耗了她所有的能量，她发现自己竟然无法集中精神。开篇就是一个超长的句子，两个七弯八拐的非限制性定语从句，加上一个长达一二十个单词的状语从句，她怎么也没绕明白。她读了一遍又一遍，脑袋瓜却像木头一样，无法将这些熟悉的单词的意思串联起来。5分钟过去了，她原先计划做完一篇阅读理解的时间，竟然却连第一个句子都没弄明白。一看到时间已到，真是抓狂！高子妍终于控制不住自己，尖叫起来：“烦死啦！烦死啦！我讨厌这鬼英语，我再也不想做什么阅读理解啦！”爸爸妈妈闻声赶来，妈妈一脸紧张地问：“妍妍，怎么啦？”爸爸则一脸淡定地说：“妍妍不是说了很烦嘛。妍妍，咱们先别管作业，天气这么好，泡桐花开得院子里好香呢。来，先跟爸爸到楼下走走，散散步。”说着，爸爸牵着妍妍的手，一起往楼下走去。

夜深人静，楼下的院子里，没有其他人，只有高子妍和爸爸，世界此时仿佛只属于他们父女俩。高子妍一下楼就闻到了浓郁的泡桐花香。楼梯口那一溜泡桐树是啥时候悄然开了满树的泡桐花？早出晚归的高三生活，让她竟然没有时间领略春天的美。熟悉的泡桐花香似乎充满治愈的能量，在她深吸第一口的时候，憋了一天的苦水终于像拉开了闸门一样，一股脑儿地倒了出来。“爸爸，你知道吗？我今天前所未有地沮丧，英语竟然没达到平均分，始无前例的低啊。马上要高考了，我还想着要英语帮我提分呢。这次主要是阅读理解没做好，所以，我想今天晚上一口气做上20篇。但是，我没办法让自己集中注意力，越急越做不好，脑子好像被卡住了……爸爸，我该怎么办？”爸爸一直搂着她，慢慢地和她散步，静静地听她倾诉，直到她倒豆子般倒完了想要说的话，他才接过她的话："宝贝，要是爸爸遇到这种情况，也会很受挫，也会很难过。越想多刷一点儿题越刷不动，也会很抓狂——是不是感觉全世界都在与我为敌？"看到爸爸认真又夸张的样子，高子妍不禁笑了。"宝贝，被这样强烈的情绪洪流裹挟时，我们的头脑一般也会被冲昏了，处于高度紧张状态，自然无法正常运转，我们毕竟不是钢筋铁骨的机器人嘛。所以，遇到这种情况时，不妨先来个曲线救国，调整一下情绪，放松一下大脑，让大脑恢复一下元气，这样它才会高速运转呀。你学习起来，才会有效率呀。"爸爸声情并茂地开导，他的淡定和对自己的充分理解，让高子妍飘忽的心稳稳地着了陆。

只是半个小时的散步，高子妍却感到自己全身轻松起来，之前像巨石一样压在自己心头的沉重与压抑，似乎烟消云散了。当她重新坐到书桌前时，那一个拗口又曲折的长句，一下就理解了。她发现自己的思维又变得异常活跃起来，一遍读下来，她就非常准确地做出了一道道选择题。

对于初三和高三这样升学备考的阶段，抓紧时间学习固然重要，但孩子在这种特殊时期，本身承受着来自各方的重重压力，父母不要只盯着卷面分数，不要只顾着让孩子不停地刷题，而是应该及时疏导他们的情绪，让他们紧绷的弦偶尔放松一下，让他们高度紧张的大脑也时不时地休整一下，这样，他们才能以饱满的情绪去面对学习，真正有效地提高学习效率。

养育小贴士

学习是一项系统工程，更是一项综合工程。

它涉及各个领域，需要调动人的大脑细胞和神经系统。

它涉及心理、生理，它关系到大脑是否高效运转，神经是否高度紧张，注意力是否集中等。

记忆、分析、判断等思维活动都是通过大脑皮层来进行的，大脑是保证有机体内部统一并与周围环境统一的主要结构。人类的大脑经过一段时间的工作以后，也需要适当的休息。在高度集中注意力完成某项工作之后，到室外去活动活动，散步、打球或者下棋、玩扑克，同样可以放松大脑，让疲劳消失。这样，工作起来效率更高。

07

不催促不责骂，孩子更喜欢学习

从孩子背上书包跨进学校的大门起，每一个妈妈都会有良好的心愿，希望孩子喜欢学习，态度上能自觉主动，精神上能专注、投入，还拥有良好的学习习惯等。总之，希望孩子如自己设想的那样，一切如意，一切美好。

当然，落实到每一天的日常，最低要求，她们希望孩子能把老师布置的作业做完、做好。

她们常常希望孩子实施“短、平、快”的战略，希望他们一回家，一放下书包，马上心无旁骛，二话不说写家庭作业。最好别的啥都不要干，不要吃水果，不要玩玩具，不要做除学习以外的任何事情。

写完作业再玩耍，这几乎是所有母亲的理想预设。

而现实的情形是，孩子可能状况百出，个中原因却可能五花八门。至少，他想先喘口气，吃点儿自己喜欢的水果，看下自己养的宠物，玩一下手机，或者翻一下还没读完的课外书……

一旦孩子没按照自己设定的计划来行动，一些焦虑的母亲就会不停地催促，甚至上升到责骂、咆哮。

试问，在母亲的怒吼中，在大气不敢出的压抑氛围里，心不甘情不愿地被逼着做作业，孩子会喜欢上学习吗？如果母亲能换一种方式，即便孩子没按自己设定的轨迹行驶，淡然处之，不催促不责骂，效果会怎样呢？

熊力为的妈妈分享了自己的一个日常小故事。

力为上初三，学校下午要到差不多6点才放学。每个星期二放了学，他要马上去校外参加一个物理培训班。所以，这天晚上，他一般得8点才到家。他刚一进门，等候多时的妈妈赶紧端上饭菜，她知道得抓紧时间。前一天晚上，力为做作业到11点半才睡，今天已经回来这么晚，作业估计又是一大堆。如果还拖拖拉拉，不知道又得到几点才能睡觉。妈妈心里很着急，看着力为吃饭的时候，她恨不得力为能三口两口赶紧扒完饭，赶紧去做作业。

可是，力为不紧不慢地吃完饭，又习惯性地问妈妈要手机，看了一会儿微信。他关注了很多自己感兴趣的军事和新闻、设计等公众号，每天都要翻翻。妈妈虽然心急如焚，好几次催促的话到了嘴边又生生地咽了回去。前两天刚开了初三家长会，班主任叮嘱父母要给青春期的孩子自由的空间，要让孩子自己做主，学会自我管理。对于初三的孩子来说，他们学习压力本来就很大，最好让他们适当放松一下。不要太唠叨，否则会适得其反。班主任说的几点，力为妈妈都认真地做了笔记。

差不多快9点，力为终于自己坐到了书桌前，力为妈也长吁了一口气。她故作不以为意地问：“力为啊，今天的作业多不多？”“不是一般的多，儿臣‘鸭梨’山大啊，母亲大人。瞧，英语、语文、物理都有一张试卷，数学和化学各有三页练习……”力为指了指书桌上的一堆试卷和练习册，苦笑着回答。

“吾儿速速行动，为娘就不打扰了。”一看到这么一大堆作业还没开始做，力为妈暗暗叫苦——恐怕又得熬夜了，便赶紧给他关了门，退出房间。可是，不到半个小时，她看到力为又走到客厅来喝水了。这倒也罢，要命的是，喝完水他还顺手拿起了放在沙发上的一本新到的杂志，边看边笑，显然被内容给吸引住了。力为妈急得不行，但还是偷偷地做了个深呼吸，走到他身边，心平气和地打趣道：“吾儿，前线战果如何？大功是否告成？”“回母亲大人，革命尚未成功，目前仅攻克三分之一，同志仍须努力。”力为一听妈妈询问作业，倒是醒过神似的，赶紧放下杂志。力为妈马上给了他一个拥抱：“吾儿早出晚归，又接连深夜作战，实是辛苦，且让老母亲给你一个拥抱，以示慰藉。”母子俩相拥大笑。随后，妈妈还没来得及开口，力为已经乐呵呵地走进房间，主动地关上了卧室的门。

力为妈心想，今天这么多的作业，只怕不到12点不可能完成。没想到，一个半小时后，刚到11点，力为打开卧室门，调皮地双手作揖，向妈妈宣告："母亲大人，儿臣势如破竹，已速战速决，圆满完成各项任务，战况空前。"力为妈大喜，笑道："吾儿神勇！从今往后，当再接再厉。"

看到力为哼着小曲、笑容灿烂地洗脸刷牙，力为妈妈暗自庆幸，幸好今天自己控制住了焦虑情绪，没有催促、指责儿子，一个可能会硝烟四起的晚上，母子俩都轻轻松松、快快乐乐地度过了。

事实上，初三的孩子已经在学校里待了一天，在教室里规规矩矩地坐了一天，在题海中摸爬滚打了一天，好不容易回到家，他们想不想放松一下？打个比方，你辛苦地上了一天班，回到家，是不是也想放松一下？如果你回到家上司又马不停蹄地命令你开始加班，你乐意吗？你开心吗？

身为父母，设身处地想一想，自己退避三舍，把孩子回家的时间交给他自己管理，真正地让孩子做时间的主人，做作业的主人，不催促，不责骂，孩子倒可能会给你惊喜，也可能会发自内心地喜欢上学习。

养育小贴士

多巴胺是一种脑内分泌物，也是一种神经传导物质，和人的情绪、感觉有关，负责传递兴奋及开心的信息。

父母不催促，不责骂，孩子的大脑中就会分泌多巴胺，传递快乐的情绪、开心的信息，更有利于孩子学习。

CHAPTER 05

潜能与兴趣，多一点儿折腾

父母是孩子潜能和兴趣的最佳观察者，也是心灵密码的破译者。父母是孩子最亲密的人，在日常教养过程中，随时随地仔细观察孩子，在一些看似不可理解的行为背后，觉察孩子的特质和气质类型，发现孩子的兴趣与才能，引导孩子找到自己的优势领域，成为更好的自己。

01

邂逅一本汽车图书

萨提亚说："每一个孩子都像一颗独特的种子。"

每一个孩子都是一个独特的生命。他就是他，独一无二，无可替代，是地球上几十亿人口中独特的"那一个"，不论他是男孩还是女孩，不论他出身富贵还是贫穷，不论他出生在城市还是乡村，不论他的父母文化程度如何……

让金盏菊开成金盏菊的模样，让飞蓬长成飞蓬的样子，让风铃草开出风铃样的花。别渴望茄子长成木瓜，别奢望土豆变成西红柿。

俗话说，强扭的瓜不甜。用父母自己理想的模式来强行规划、塑造孩子的未来，简直是暴殄天物，是在摧残孩子的身心，更是对孩子生命的蔑视和践踏。

每一个孩子都有自己独特的潜能和特质。这些特质可能是非常易于察觉的，也有可能是潜藏的。有可能从孩子一出生起，就表现得特别明显；有可能直到成年，长到二三十岁，潜能还一直处于潜伏状态，像深埋于地底的煤，等待开采挖掘。如果没有及时发现利用，也许，终其一生，孩子的潜能就如同地底未被开采的煤，一直默默地存在，但它不发光，也不发热，就那么静静地伫立在黑暗中。

在发现和发掘孩子特质和潜能上，父母需要扮演发现者、探索者和勘探者的角色。像一个孜孜不倦的地质勘探家一样，风雨兼程，披星戴月，不辞辛劳，始终将探测器伸向大地的深处，聆听大地的回应。

一些孩子总是找不到他的兴趣点。

孩子兴趣不大的事情，就没必要勉强他去感兴趣。如果连兴趣这样本来是自动自发的事情，都逼得孩子被动起来，他绝对会兴趣全无。想起杨澜写的篇文章，之前她带孩子出去玩儿，总是有目的——什么都带着意义的枷锁，结果孩子跟她出去玩儿就觉得索然无味。

兴趣的种子一直就埋在孩子的身体里和内心深处，只是等待着阳光的沐浴和雨水的浇灌；或者就像火种，等待着电光火石那一刻的到来，等待着被点燃。

兴趣常常自然而然地发生。

兴趣也许就在不经意的遇见里。

对于父母，在孩子的兴趣方面，只能顺其自然地引导，然后给他提供一切可能的条件，这就足够了。

熠熠妈从没有想到，熠熠对于汽车的超级喜欢和着迷，会从一本小小的汽车图书开始。

大概在熠熠两岁多的时候，有一天，喜欢看书买书的熠熠妈逛书店时，偶然地给他买回了一本小汽车的图书。书上是色彩缤纷的图片，各种各样萌萌的小汽车。她一拿回家，熠熠非常喜欢那本书，一拿到这本书就爱不释手。买回来的那天晚上，他一定要抱着这本书睡觉。

“妈妈，我要看小汽车。”之后，有一段时间，熠熠妈清楚地记得，每天早上，他睁开眼睛的第一件事，就是跟妈妈一起，从头到尾把那本书上的小汽车都看一遍。

后来，只要爸爸妈妈有时间，熠熠就会心心念念去看车，拉着爸爸或妈妈一起到小区的停车场，把停在那里的汽车都看了一遍。所以，小小年纪的他，只要是停车场停过的品牌，他都能认出来，准确无误。

爸爸妈妈带他去超市，如果给熠熠买玩具，除了小汽车能吸引他，其他的玩具他一点儿兴趣都没有，连碰都不会碰。

熠熠过生日时，亲戚朋友给他买来其他的电动玩具、机器人、积木，也丝毫引不起他的兴趣。于是，大家都知晓了他的爱好，以后不约而同地买玩具汽车。叔叔每次出国旅游，不管去哪个国家，都会不辞辛苦，跑遍附近的所有超市和商店，把熠熠没有的汽车模型全给买下来。

于是，日积月累，随着熠熠慢慢长大，几年下来，熠熠家里已经变成了一个玩具汽车和汽车模型“博物馆”。各种类型的玩具汽车，大卡车，小货车，小汽车，跑车，不计其数；各种品牌的车模，常见的，不常见的，应有尽有：马自达，标致，一汽大众，奔驰，宝马，奥迪，林肯，兰博基尼，阿尔法·罗密欧，保时捷，雷克萨斯，布加迪·威航，法拉利等。客厅里，卧室里，玩具角，到处都是他的小汽车……

熠熠喜欢画画，不管画什么，都要在底下画上车轮，把它们变成小汽车。当然，每个车轮都画得不一样，都与众不同，从来不会重复。

无论走到哪里，只要有时间，熠熠一定会用来画车。

到了小学高年级，知识面广了，熠熠开始迷上了高大上的汽车杂志。

为了满足他对于汽车的爱好，除了每年给他订《名车志》，其他有名的汽车杂志也给他买了不少，报刊亭里，超市里，看到了就给他买。

那年，爸爸要新置一台越野车，四处看车。只要熠熠有时间，他们就带着他。

每个品牌的4S店，自然都有各种车型的汽车宣传单。

熠熠除了有模有样地坐在驾驶室里试车，找找感觉，还会找一些自己喜欢的车型宣传单。

每一款汽车的宣传单，熠熠都会带上一张回家，然后再细细欣赏这些图片，因此，对于许多品牌的车型特点、价格、颜色，熠熠都如数家珍。

看电视，熠熠自然也不会错过每一个与汽车有关的节目。各种汽车网站，他也会浏览。

因为强烈的兴趣，并通过各种途径了解有关汽车的知识，熠熠俨然成了一个“汽车专家”。

平时，熠熠和妈妈散步，看到路边停的各种小车，他都会特别留意。他会一一告诉妈妈，那是什么品牌，这一类型车有什么样的特点，点评设计细节，如轮毂、驱动轮，出气口格栅设计等。要是偶尔在街头碰到难得一见的名车，他会喜出望外，让妈妈看平时在图片上看到的汽车“真身”。

进入高三，为了给自己励志，熠熠从网上打印了一张红色的阿尔法·罗密欧的图片，张贴在卧室的墙壁上。

至于熠熠的梦想，是做一个汽车设计师，设计世界上最酷、最有型的跑车。

如果父母想要发现孩子的兴趣点，想要培养孩子的兴趣，不妨做一个精微的观察者。只要你是一个细心的观察者，就能在孩子日常的行为中，发现那些或隐或显的兴趣线索。

养育小贴士

蒙台梭利说：“儿童只有在一个不受约束的环境中，即在一个与他的年龄相适合的环境中，他的心理生活才会自然地发展并展现他内心的秘密。”

02

衣服上咬洞洞

在成长的过程中，有些孩子会做一些稀奇古怪的事情，不仅会让大人大跌眼镜，匪夷所思，更可能让他们目瞪口呆，甚至火冒三丈。沧海横流，方显英雄本色，在这种面临孩子“突发事件”的时候，父母怎么做，采取怎样的应急措施，是简单粗暴地对待孩子，还是智慧地引导他，对父母来说无异于一场测试。因为，在毫无心理准备的情况下，你要直接面对那个熊孩子脑洞大开的种种行为，它不仅挑战你的情绪管理能力，还直接考验你的智商、随机应变能力、创造性思维等。同时，你在“危机”时刻的反应，将直接影响到孩子的好奇心、探索能力、兴趣方向，还有他的心灵成长、思维构建。

如果你的孩子在他的衣服上咬洞，而且是在所有能咬动的衣服上都咬出一个洞，你会怎么办？你的第一反应是什么？你会采取什么行动？

不可思议？勃然大怒？河东狮吼？恨得牙痒痒想随手操起家伙狠狠地揍他一顿？

这不是一个脑筋急转弯，而是一个真实的故事。

一天中午，我在微信朋友圈看到80后儿童文学作家米吉卡发的一些文字：

有个小孩儿相中别的小朋友一件手指衫，甚是心仪，便利用一切业余时间把自己几乎所有能咬动的衣服袖口都咬出一个洞！我一边为他想要自己解决问题孜孜不倦打洞的精神感动，一边真的很想揍他！

作为旁观者，脑补一下当时的情形，深以为这孩子太富有冒险和探索的精神，而且勇于尝试，独立果敢，简直太有行动力了！真可爱！

我发了评论："千万别揍他哦！"

这个妈妈给我的回复是："看在有人帮他求情和年没过完的份上！"

米吉卡是80后儿童文学作家，有人将这些作家称作"儿童的同盟军"，自然是深谙儿童心理的那一类成人。所以，我相信她只是以调侃的口吻来记录儿子又可恨又可爱的行为，绝对不会真的动手去揍她的宝贝儿子。我觉得难能可贵的是，她在让她恨得牙痒痒的衣服咬洞事件背后，看到了孩子这样做的真正动机，是"自己解决问题"。

当孩子做出一些意想不到的行为时，如果父母能透过这些"错误"或是不可理喻的"捣蛋"行为，看到孩子真正的动机，这样的父母不仅是合格的，而且是优秀的。

其实，孩子的很多这种类似的"捣蛋"行为或"错误"，从孩子的角度和心理来说，完全不能说是"错"的，相反，是完全"对"，因为他们只是在用自己的方式去尝试，去探索，去自己寻求解决问题的方法。而这些方法往往迥异于大人，因为他们还没有学会循规蹈矩，没有被成人思维的条条框框所束缚。

如果我们说他们错了，只是因为他们与成人的"正确"标准不符合而已，与成人的价值观相冲突而已。

你不能这样做，你不能那样做！

这样做不行，那样做不行！

你这样做是错的，必须那样做！

大人常常对着孩子指手画脚。

我们常常以自己的标准来判断孩子的对与错。如果孩子的行为与我们的"正确"观念相符，那便是对的。否则便是错的。

一旦孩子犯了错，要么惩罚他，要么要求他按大人的方式来行动。

就拿把衣服咬出洞这件事来说，成人认为衣服是用来穿的，怎么能把它咬出洞来？咬出洞来衣服就弄坏了，就不可能再穿了，就意味着损失了花在衣服上面的钱。

为什么我们不能把这当作一件儿童行为艺术品呢？

为什么我们不把这当作儿童好奇心的杰作呢？

为什么我们不能在这看似错误的事件里看到事情的本质呢？

为什么我们不能在那一个个被咬出来的洞里，看到孩子的探索精神，无往不惧的冒险情怀，说到做到的行动力、执行力呢？

如果我们看到了这些，也许，我们就不会简单地让愤怒情绪控制我们，粗暴地抹杀孩子探索和行动的热情。也许我们会会心一笑，然后顺势引导，和孩子一起商量、探讨："我们怎么把这些洞洞补起来，而且补得比之前的衣服更好看？"

也许，只要父母一引导，一提醒，孩子就会发挥他们天马行空的想象力，想出许许多多稀奇古怪的点子，让你脑洞大开！

试想一下，如果最后，妈妈能和孩子一起把这些洞洞补起来，像变魔术一样，把这些洞洞变成一朵小花、一个果冻、一辆小汽车，或其他奇怪的形状，将所有被咬了洞的衣服"画龙点睛"，让衣服焕然一新，变成一件让人大开眼界的手工制品，将一个本来让人火冒三丈的小"事故"，变成一项美妙的亲子创意活动，这该是一件多么美好的事！

允许孩子犯错，允许孩子异想天开，既是对孩子生命的尊重，也是对其好奇心、探索欲等最有价值的生命力的呵护，还是给孩子的成长开辟了一个自由的空间，给自己的期待和爱一个空间。

当然，这说起来容易，做起来有点儿难。作为父母，需要有定力，需要时刻记住要尊重孩子，还需要了解儿童心理，否则无论如何也无法成为孩子心灵密码的破译者。

养育小贴士

戈尔丁下面这段话说明每个孩子的内心都有一个宇宙，与成人迥然不同的宇宙。

梯与树

戈尔丁

世上所有的东西都被强有力的成人触摸过、使用过、探测过，给予了理解，赋予了形状。但一棵树却向上伸展着它的枝桠，悄无声息地超越了这一切。在你的头顶上也只不过一两码，但是对于一个孩子来说那却是最珍贵的，是成人从未到过的、从未看到过的、从未触摸过的地方。

（《妈妈，妈妈，我得了个奖》〔南非〕库初等著，傅浩等译，湖南少儿出版社，2005年版）

03

水洼里滑画

游戏是孩子的天性。

游戏对孩子来说，有着无与伦比的价值。

所有的孩子天生都喜欢做游戏，他们能在其中享受到无比的快乐。

游戏对孩子来说，是他们触摸世界、探索世界的一种有趣的方式。他们在无忧无虑、自得其乐的游戏里，与这个陌生而新奇的世界，以一种有趣的方式发生联结，他们借此打开自己的世界。

对孩子来说，什么都可以成为游戏的工具，一块小石头，一颗被人遗落的棋子或纽扣，一个酒瓶盖子，一个小零件，在他们的手里，经由他们奇妙的想象，都可以变成有“魔法”的神奇物件。

对孩子来说，随时随地都可以做游戏。起床的时候，睡觉的时候，坐车的时候，上学的时候等，什么时候都能做游戏。客厅的沙发角落，床上的被窝，楼下的小花园，家庭的蚊帐等，什么地方都能做游戏。

而有的大人觉得做游戏是孩子的事，他们不再对游戏感兴趣，甚至失去了游戏的能力，更无法理解孩子的游戏，无法进入孩子的游戏世界。

父母是孩子最好的游戏伙伴。可是，有些父母由于不能理解游戏对于孩子的重要价值，或者由于各种客观的原因，总觉得没有时间和精力与孩子一起做游戏。在他们看来，和孩子一起做游戏需要空间和时间，需要耗费不必要的时间和精力。

如果你不能成为孩子很好的游戏伙伴，不能像孩子一样投入游戏中，至少，在孩子自由自在地游戏的时候，你可以静静地看着他们，陪着他们，分享游戏给他们带来的快乐，感受他们发自内心的喜悦和痛快淋漓的感觉。

因为你的干扰、嘲笑或轻视，可能会破坏孩子对世界的探索，你的横加干涉或本能的阻止，可能会破坏孩子的好奇心，妨碍他们去探索未知的世界，更可能破坏孩子的想象力和创造力……

这是一个刮着冷风的南方冬日。

还没到6点，天就暗下来。呼呼的寒风，让平时热闹的大学校园也有几分冷清。哪怕是平素热闹的教学楼前的广场上，也行人稀少。

晚上7点，要上思维培训课。6点半，上小学五年级的罗小宇，就在妈妈的催促下，和妈妈一起出门了。出门前，罗小宇没忘记扛着他的橙色滑板车。他家住四楼，一下楼，他就迫不及待地蹬上滑板车，往上思维培训课的教室滑去。滑板车闪着七彩的光，在夜幕下一闪一闪，甚是亮丽。看着儿子“飞翔”的身影，罗小宇的妈妈心里很是快乐。

从家到上课的教室，只有短短几分钟的路程。不一会儿，甩开膀子滑着滑板的罗小宇就到达了教学楼前。

“老妈，什么时候了？”

“还有15分钟到7点。”

“那我在这里再滑一会儿滑板吧？”

“可以啊，你再玩儿一会儿呗。”罗妈妈想，她一看就知道这小子还没玩儿够，就让他多玩儿一会儿吧。何况这会儿，偌大的教学楼前的广场上，没有人来人往，儿子可以放开手脚，痛痛快快地玩儿了。

“老妈，你看，这里有两个大水洼。我来滑一幅画出来。”罗小宇兴奋地叫妈妈。哦，跟在后面的妈妈仔细一看，才发现确实有两个水洼，它们在路灯下发着白光呢。前一天，刚下过大雨，广场前有两个水洼，一个大一点儿，大概两三米宽；另一个小一点儿，只有一米宽。

“滑画？”罗妈妈开始没听清儿子到底说什么，本来她正想张口叫他离水洼远一点儿，没想到等她走近一看，呵，儿子竟然就着水洼即兴地滑来滑去，不停地变换着角度。

“老妈，你看，像不像一艘大轮船？”在罗妈妈被他滑得晕头转向，还没缓过劲儿来时，罗小宇又兴奋地叫起来。

“哦，还真有点儿像。”在儿子的提醒下，罗妈妈一看，别说，儿子真的滑出一幅画来了，他不仅滑出了一艘轮船的样子，还滑出了冒着滚滚烟雾的烟囱呢。

“嗯，不错！看看，你还能滑出什么画来？”罗妈妈心想，这个小子还蛮有想象力和创意啊。他平常特别喜欢画画，没想到两个普通的水洼，竟然也激发了他的创意和灵感。

“好，我再来滑一辆小汽车——我喜欢的马莎拉蒂。”得到妈妈的认可和赞同，罗小宇更来劲儿了。

“好，你想滑什么就滑什么嘛。”罗妈妈笑了。

短短的15分钟里，罗小宇在两个一大一小的水洼间，不停地滑来滑去，滑出了不少他喜欢的作品——轮船、汽车，大山，电脑……罗妈妈在旁边静静地欣赏着儿子的“作品”，在他不停地滑动中，她看到的是儿子的好奇心、想象力和创造力。

到上课的时间了，看到儿子玩儿得那么来劲儿，罗妈妈真的不忍心打断儿子的滑画游戏。可是，罗小宇主动地问：“老妈，到上课的时间了吧？”看到妈妈点了头，他马上收起了滑板，一副心满意足的表情。

“老妈，真好玩儿！”罗小宇一脸灿烂地对妈妈说。

仅仅15分钟的即兴游戏，却让罗小宇感到无比的痛快和放松。他的身体得到了自由的舒展，他的想象得到了放飞。原来，孩子随时随地都可以找到游戏的乐趣，只要让他自由自在地游戏，他就能充分享受游戏带来的愉悦。

罗妈妈心想，幸好自己没有阻止儿子去避开那两洼雨水，幸好自己没有阻止他玩那么“幼稚”的游戏。

养育小贴士

游戏力——基于游戏的亲子沟通方式——可能是重建亲子间深情联结的桥梁。游戏当中所激发的活力，所产生的亲密感，可以缓解父母的压力。游戏不仅帮助我们进入孩子的世界，而且帮助我们以孩子的方式，重新建立自信和亲情。如果孩子在游戏中玩儿得开心尽兴，那么他们的合作精神与创造力也往往会表现得淋漓尽致。游戏既能帮助孩子探索世界，又能帮助他们理解每天所接收到的信息，还能帮助他们从生活的挫折中重新振作起来。

（《游戏力》第4页，〔美〕劳伦斯·科恩著，李岩译，军事谊文出版社，2011年版）

04

喜欢烂玩具

一天，我的一位朋友——某实验小学的一位科学老师在微信朋友圈发了这些内容：

今天在收集学生假期手工制作时，眼前一亮，惊诧于孩子们的心灵手巧，也感恩家长的鼎力支持。现在的孩子们太幸福了，做个手工不愁找不到材料，上网一淘，要什么有什么。不过，我还是觉得自己的童年更幸福，虽然物质有限，但是只要你肯动脑筋，要做个小玩意儿也不是什么难事，总能找到解决问题的办法，成功之时收获的是满满的自信。衷心希望现在的孩童们不要在优越的物质生活中迷失了方向，能多一些思考，多一些自我。若能独立设计，寻找生活中的一些废弃物品进行改进创新，并能解决生活中的某些实际问题，那样会更有新意，更能激发你的创新潜能。孩童们，加油！

确实，现在的孩子，物质上一般都能得到充分的满足。所以，从小只要他们喜欢的玩具都买得到，各类玩具应有尽有，买了新的就会毫不可惜地扔掉旧的。至于要完成手工作业——这可是头等大事，自然也会得到爸爸妈妈的全力支持。网络又那么发达，什么都可以买到。然而，做手工的一切材料如果都购买现成的，那么孩子们便会懒得去挖空心思寻找材料，也不用绞尽脑汁地将自己仅有的材料进行加工创造，所以，他们在尽享获取材料便利的同时，其实也失去了另一种机会，变废为宝，将看似没用的废弃物品加以利用和改造，去独立思考，独立设计，加以创新，制作成有趣又实用的小发明或小手工。

一个夏天的晚上，到了9点，离“法定”睡觉的时间还有半个小时，嘉拉的妈妈正要叫他早点儿睡觉，却看到嘉拉坐在书桌前，正拿着一顶咖啡色和白色相间的格子帽在鼓捣。那顶帽子，她一眼就认出来了，是早两年一家人外出旅行时，旅行社发的那种帽子。旅游回来之后，就再没戴过，随手塞在抽屉里了。这大半夜的，嘉拉翻出来干什么呢？她心里充满疑惑。走过去一看，嘉拉正低着头往帽子里塞沾了蓝色墨水的卫生纸，她更是感到纳闷，问他：“拉拉，你这是干什么呀？”

“你等会儿就知道了。”嘉拉头也不抬地回答妈妈。

嘉拉妈本来在看一本新到的杂志，听他这么一说，看看时间尚早，知道他平常喜欢“折腾”一些小玩意儿，便也没再盯着他，回到客厅继续看书。过了一会儿，她看到嘉拉在客厅通往厨房的门后忙碌着。然后，他兴奋地喊道：“老妈，快来看！”

“什么呀？”嘉拉妈听到嘉拉的喊声，便走到门后，呵，只见那顶格子帽子竖着贴在冰箱壁上。帽子中间鼓鼓的——肯定是塞满了卫生纸。“老妈，你看！这样就不会碰到冰箱了。”嘉拉边说边推门示意给妈妈看。

果然，嘉拉一推门，门把手刚好碰到鼓起的帽子。

“冰箱这里都碰得凹进去了呢。”——嘉拉心疼地指给妈妈看。门后就是嘉拉家新买的双门大冰箱。因为厨房有点儿小，双门大冰箱又占了以前小冰箱的地方，只要一推门就碰到了冰箱壁。

“拉拉，你的设计真巧妙！”嘉拉妈这时才明白嘉拉的设计意图，因嘉拉实用的巧妙构思大笑起来，说：“这叫防撞帽吧。”

开始，塞满了卫生纸的格子帽子是用双面胶贴在冰箱壁上的，嘉拉觉得还不够牢固，又跑去找来那卷大大的黄色透明胶，将帽子结结实实地贴了起来。然后，他又试着推了几次门，嗯，防撞帽妥妥地保护好了冰箱壁。

“嗯，不错。谢谢拉拉！平时就是要弄些小发明小制作，解决生活中的麻烦问题。”嘉拉妈高兴地表扬了嘉拉。

嘉拉从小就有一个小嗜好：喜欢烂玩具。爸爸妈妈和亲戚朋友给他买了不少玩具，各种各样的。玩儿着玩儿着，玩具便难免缺胳膊少腿的，当妈妈想要扔掉那些烂玩具时，嘉拉总是不肯。那些烂了的玩具，他更喜欢玩儿。因为，他会将不同的烂玩具进行组装，比如一辆红色的玩具车没有轮胎了，嘉拉就会去另外一辆坏了的消防车拆下一个轮胎，重新组装出一辆像模像样的新车子。组装后的新玩具，总是让他更加快乐。因此，他乐此不疲地修理、改装着自己的烂玩具，再改装出一个个焕然一新的新玩具，享受着动手动脑的快乐，享受着创造带来的无穷乐趣和成就感。

嘉拉的爸爸妈妈虽然开始的时候觉得嘉拉喜欢玩烂玩具这个习惯不好，但当他们发现嘉拉特别喜欢修理和改装那些烂玩具，而且在做的过程中，他的注意力十分集中，非常投入，组装的新玩具又总是别出心裁，很有创意，他们就不再反对了。还帮嘉拉收集一些看似没用的废弃物品，因为他们知道，说不定经嘉拉一变，又可能变出让他们眼前一亮的新作品呢。

有人说成人和孩子生活在两个不同的星球。有时候，父母要知道循着孩子行为的蛛丝马迹，扮演“侦探”的角色，去发现他的潜能和兴趣所在。

养育小贴士

哲学家伊曼努尔·康德说：“手，是人类的外部大脑。”

平常，我们习惯了说“心灵手巧”，实际上，心手相连，手巧才能心灵。事实如此，千万别小看我们的双手，每一只手上有19块小肌肉，而大脑中有20万个神经细胞支配着每一个手部动作。现代神经学研究表明，小运动肌肉（尤其是手部肌肉）流畅而敏捷的动作，可以激发大脑细胞的发展，从而促进儿童各项思维能力的发展。

生物学家发现，我们的指尖有大量密集的神经末梢，通过适当的训练，双手可以具备堪与视力媲美的灵敏分辨力。如果孩子们没有机会使用他们的双手，他们则可能会变成“指盲”，大脑里的神经通道也不会接收来自手指神经的丰富刺激。

05

痴迷于画画

兴趣是最好的老师。父母自然也希望孩子拥有这样一位“最好的老师”。

那么，怎样培养孩子的兴趣呢?

兴趣会从天而降吗?

不会。

兴趣可以后天培养吗?

当然。

兴趣班能一劳永逸地帮孩子培养起“兴趣”吗?

上思维训练班孩子就会对数学感兴趣吗?

上作文班孩子就会对写作感兴趣吗?

上绘画班孩子就会喜欢上画画吗?

答案多半是否定的。

强扭的瓜不甜，要是强迫孩子去参加这个兴趣班那个兴趣班，只怕孩子不但不会培养起兴趣，还会适得其反，干脆一点儿兴趣都没有了。

你若盛开，清风自来。

兴趣有时像一朵需要精心培育的花，需要养花人艰苦的努力付出。

如果抓住合适的时机，把孩子放进一种自然而然的氛围里，给他创造各种适合发展他兴趣的情境，孩子各种各样的兴趣，也许就会像野花一样蓬勃地生长。

如果多给孩子一些自由，在美好而无用的“浪费”里，孩子的兴趣，便会悄然而至。看似无心，却无心插柳柳成荫。

对向利城来说，这是一个漫长又轻松的暑假。小升初已经顺利结束，他如愿以偿地进了自己理想的初中。

整个暑假，除了外出旅游了一趟，其他的时间，向利城都待在家里，他没上培训班，所以，用大把的时间做自己喜欢的事，每天都在埋头画画、设计。瞧，他带给妈妈的惊喜不断。

“利城，我回来了！”向利城的妈妈下班回家，边开门边习惯性地叫一声。

“老妈，我在这里。”已经处于变声期的向利城瓮声瓮气地回答。

妈妈走近仔细一看，哦，她的“设计大师”这会儿正在客厅的餐桌上埋头做设计呢。

再一看，向利城的妈妈不禁在心里啧啧称赞，说叹为观止也许有点儿夸张，但向利城设计的那把手枪真心不错，线条精致、有型有款，乍一看不像是画出来的，倒像是印刷出来的。本子边上放了量尺和半圆板，难怪线条看上去那么笔直有型！

连学建筑设计的哥哥看了向利城的大作，也大为赞赏说：“画得真不错，你以后可以做建筑设计师呢。”向利城的妈妈看他从小喜欢画画，也希望他今后能成为建筑师。

“不，我要做太空设计。我要把房子建到太空上去。”向利城斩钉截铁地回答哥哥。

“好，妈妈支持你。”妈妈一听，笑了。再怎么异想天开的梦想，她都表示支持。何况这几天，他天天在看科教频道的纪录片《宇宙》。妈妈完全理解他此刻的梦想。

晚饭后，向利城就一个人关起门在自己的卧室里做“大事”，而且进去之前特地提醒爸爸、妈妈和哥哥：“不要进来打扰我哦！”

“老妈，来看吧。”不知道过了多久，向利城打开了门，向妈妈招手。

一看他脸上神秘的表情，妈妈便心领神会，快速地赶过去，猜他又有得意的新作向她一个人展示——这是妈妈的特权。

“你看，这把枪全是镂空的。”向利城把设计本上画的一把枪指给妈妈看。

“嗯，不错。”向利城的妈妈仔细研究过新的“大作”之后，边拿出手机拍照边夸赞他。很明显，这把枪的设计比白天的更成熟、精致。上面还有比例尺的标注：1：2。

“这里还有一把。”等妈妈拍完这一把，向利城又翻开另一页。

那一把枪线条相对而言比较简洁，可造型跟之前的所有枪完全不同。总之，每把枪都各有亮点和新的创意。

“我以后要做太空设计师或者枪械设计师，不要跟别人说哦。”向利城低声叮嘱妈妈。

“好。”妈妈点点头。

妈妈仔细欣赏完向利城新设计的每一把枪，又继续回客厅看书。没过多久，向利城又打开卧室门，拿着他的设计本径直走了过来：“老妈，你看！”估计是迫不及待地想跟妈妈分享自己的成果。

“哦，这是什么车？”看到图上的那几个轮子，向利城妈妈的第一反应便是车子。

“不是车，是溜冰鞋。我给你解释一下。”向利城边说边坐到妈妈边上。

“这个（大前轮）是只能进不能退的，一退的话，这个地方就会卡住。后轮是刹车，重心往后移的时候，它就会刹住。”向利城手把手地、不厌其烦地向妈妈一一解释他的每一个设计意图。密密麻麻的结构设计，如果不是他详细解释，妈妈确实难以弄明白。

翻开另一页，还有一个设计。“这是微型的，也是溜冰鞋。”向利城指着设计图解释说。

过了一会儿，仔细研究了一下那个大号的溜冰鞋，向利城还是觉得不满意，他指指轮子说：“这里还要改进一下。”说完便拿了他的设计本，又钻进了卧室。

说实话，向利城的妈妈好几次想提醒他练小提琴，可是，每次看到他那样沉迷于设计当中，她又打消了念头，到了嘴边的话又咽了回去。兴趣是孩子最好的老师。他做起各种各样的设计来，自动自发，十分积极。瞧瞧，他从早到晚不停地画呀想呀，拿着尺子和量角器量呀设计呀，乐此不疲。

向利城的妈妈想，这样的设计，对于他来说，未尝不是一种学习啊！他的设计是一种想象力、思维力、观察力和创造力的综合学习。这样的学习更富有创意，更能让他从中获得无穷的乐趣。

兴趣无边界，每一个领域都是相通的。向利城从小喜欢画画，以前是随心所欲地涂鸦，想画什么就画什么，随着年龄慢慢长大，他的兴趣从绘画过渡到自己喜欢的各种设计，自然而然地，水到渠成。

向利城缤纷的梦想从画画出发，从最初对于绘画的兴趣开始，他的脚步越走越远，他将自己对太空和宇宙，对科学和发明的兴趣与绘画结合起来，真的很棒！

养育小贴士

怎么发现孩子的兴趣点？

父母必须学会细致入微地观察：孩子真正喜欢做的事情，真正感兴趣的事情，他一定会乐此不疲，专注而投入，而且会非常享受这样的过程。

然后，当发现孩子在某方面有了强烈的兴趣，要做的一件很重要的事便是：尊重他的兴趣和爱好，并给他自由。不要用那些你认为很重要的事情去占据他的时间，剥夺他的权利，如果他总是被别的事情干扰并打断，他的注意力会被打断，他的兴趣链会被割裂。

06

千里迢迢带回小昆虫

一粒沙里一个世界，一朵花里一个天堂，万物既聪慧又奇妙。

孩子天生具有强烈的好奇心，对世界万物充满了探索的欲望。当他们走进大自然，打开五官，蹲下小小的身子，去观察一朵花，去触摸一棵树，去看着蚂蚁搬家，听蟋蟀唱歌……他们会与大自然和万事万物产生亲切的联结，进而对所有的生命产生敬畏之情。

孩子如果喜欢昆虫，养一只小小的蚱蜢或蜘蛛当宠物，请别笑话他，也别拒绝他，而是大力地支持他。要知道，在他精心饲养小宠物的过程中，孩子不仅担当起饲养的责任，还自然而然地当起了小小的观察家。对昆虫的喜爱，也许会为他打开一扇通往神秘的动物世界的窗。他不一定会成为第二个法布尔，写出《昆虫记》那样的鸿篇巨著，但肯定会培养出他对大自然的热爱，对神奇动物世界的兴趣，锻炼和提高他的观察力、想象力、创造力和表达力。

先从黄祺源小朋友的日记说起。知道他，是因为他妈妈投了他写作的一篇习作《显微镜下看蚊子》，写得活泼又新颖，观察非常仔细，描写生动，而且有真实的感悟。记得当时的责任编辑和我一看到这篇作文，都觉得相当不错，就毫不犹豫地选用了。后来，在他妈妈的QQ空间里，发现了他写的很多关于昆虫的日记。原来，他是一个不折不扣的昆虫爱好者。

后来，看到他写的两篇日记——

2015年8月11日　星期二　晴

草原贵客（一）

昨天，我带回来一对在草原上抓到的螽斯，刚好一雌一雄。它俩长得肥肥的，像两块大面包。它们的触角长短不一，并不对称。它们的嘴边长着两对带软棍、倒插着的微型“棒棒糖”，这大概就是它们的颚须吧！这颚须像是灵活的小手，能帮助它们抓住食物往口里送，吃完食物后，这些颚须又变成了“牙刷”，不停地在大颚上擦来擦去，像是在刷牙。它们的复眼比较小，眼神看起来呆呆的，像僵尸。它们的背部是黑色的，上面有一道道绿色的半环，腹部是浅绿色的，翅膀上有黑绿相间、不规则的花纹，就连粗壮后退的上肢也有黑绿相间的条纹，真是一些爱美的家伙。

2015年8月12日　星期三　晴

草原贵客（二）

别看这些爱美的家伙长得这么漂亮温柔的样子，实际上它们是很凶猛的。开始我们不知道这一点，让几只同时从草原上捉回来的蝗虫跟它们住在一起，结果雌螽斯捕杀了其中一只小的，而且从头部开始啃咬，那样子很可怕。雄螽斯看见同伴吃得津津有味，也跳过来抱住小蝗虫的身体啃，小蝗虫一下子就被啃得只剩几条腿了。我们只好把这两只螽斯和蝗虫分开，爸爸特意买了两个垃圾篓，做上纸板盖，分别命名为“鸣虫美声馆”和“无声馆”，让螽斯和蝗虫住进去。这样既透气又宽敞，而且它们不可能随便爬出来，可以让我好好观察。

为了招待它们，我从爷爷家的菜地里摘了一把鲜嫩的空心菜，素食类的蝗虫当然爱吃了，杂食类的螽斯也很爱吃。吃饱了的雄螽斯很开心，用它的翅膀快快乐乐地唱起歌来。

3年前，写这两篇作文时，黄祺源还是一年级的小朋友。要知道，大多数的小朋友还处于刚刚学写作文的阶段，他却写出了这样精彩的作文。

看他的《草原贵客》时，我对“螽斯”这个词感到疑惑，一搜才知就是我们常说的蝈蝈，因此获得了新知识。在这两篇日记里，他将螽斯的外形、结构特点、行动特征、凶猛的特性等，都描绘得非常具体，详细到它们的颜色和花纹，细节和动作描写非常生动形象。如果不是近距离地观察，他不可能凭空写出这么生动的作文，有这么鲜活的表达。这完全称得上是一篇不俗的自然观察日记。

在这一篇篇生动鲜活、令人拍案叫绝的作文背后，其实，我看到的是一对充满爱和智慧的父母。

因为妈妈把蚊子给他当观察标本，并帮他千里迢迢带回小昆虫，将它们当成草原贵客进行饲养，祺源小朋友才有了特别的生活体验，有了观察昆虫的可能和机会。

可以看出来，祺源的父母在教育孩子的问题上，既睿智又民主，对孩子的好奇心和童心非常重视，并尽全力来呵护，所以，妈妈才会满足他的要求，将蚊子给他当作观察的标本，千里迢迢给他带回几只小昆虫；爸爸才会特意买了两个垃圾篓，做上纸板盖，分别命名为“鸣虫美声馆”和“无声馆”，在孩子的写作背后，在他描述的这些细节里，我看到了一对无比尊重他的父母，一对爱并理解他的父母，他们贴心地用行动默默地支持他。

3年过去了，在祺源妈妈的微信朋友圈里，我又看到了关于他与昆虫之间发生的有趣故事。显然，祺源对昆虫的兴趣有增无减，他的爸爸妈妈对他这种特别爱好的呵护，也一如既往，非常给力。

2018年7月22日　星期日　晴

养大家伙养不好，养只蜘蛛吧

我力排众议支持小祺同学养另类宠物，第一天收到货就“涨姿势”了：还以为老板买一送一，小祺告诉我说我想多了，那小的是蜘蛛蜕的皮！这两日小蛛“舟车劳顿”，又恰逢刚蜕皮，虚弱得很，可千万要好好的啊！

2018年8月14日　星期二　晴

小祺同学在黄山上捡到一只断了半条腿的锹甲，从一位小朋友脚下抢救出一只圣甲虫。现在它俩过上了幸福生活——以香蕉为食，这待遇也够高级的……

我真心地为祺源的父母打call，他们虽没有高调地标榜自己如何爱孩子，但践行的教育理念令我佩服：尊重孩子的天性，呵护他的爱好和好奇心，顺其自然，因势利导。无疑，他们是孩子特质和潜能的呵护者，他们所做的一切，就是让孩子的爱好和兴趣得到尊重和呵护；他们更是“助燃”型的睿智父母，我相信，祺源在科学探究方面的潜能一定会发挥出来。

养育小贴士

小小的昆虫世界非常奇妙，充满着奥秘。孩子可以通过观察昆虫、小动物，锻炼观察力，激发想象力、创造力和表达力，培养其科学探究精神；他们还可以通过昆虫了解世界，了解大自然，了解前沿的现代科学技术，爱上自然，爱上科学。

07

红薯和茶花“结婚”了

你希望孩子拥有创新思维、探索精神吗?

如果你的回答是肯定的，那么，希望你能做到以下这一点：

不管孩子的想法如何离谱，行动看起来如何稀奇古怪，只要他勇于尝试，乐于探索，在确保安全无害的前提下，随他怎么鼓捣，父母都不要反对，把它们当作孩子的创意活动和探索活动，当作孩子对自己创造力、想象力的操练，给予他大力的支持和配合。

因为，孩子在一切看似瞎折腾的行动中，往往饱含着他强烈的好奇心和探索精神，调动了他动手动脑的能力，意味着他有较强的行动力、执行力。顺其自然，“放纵”孩子的父母，只要稍加细心地观察，往往可以从中发现孩子的兴趣所在，并因势利导，加以自然的培养。

那是一个春天的夜晚。刚刚下过悄然而至的阵雨。朝窗外看去，路面上湿漉漉的，雨水散射着昏黄的路灯灯光，恍若深夜的大海上，黄色的波光闪闪。

家里静悄悄的，我坐在儿子的书桌前看书。

“咦，你怎么在这里？”听到门铃响，儿子下晚自习回来了。上初三的他一如既往地背着沉甸甸的大书包，一推开自己的卧室门却看到我，颇有点儿意外，随手把一朵湿淋淋的白色茶花扔到书桌上。

“咦，你偷了一朵茶花？”我脱口而出。

“不算偷吧，我光明正大摘的。”儿子回答道。

“呵，在哪儿摘的？”意识到自己用词有点儿不妥，我忙改口道。

“就在路边上啊。”儿子大大咧咧地回答。

“怎么想起摘一朵回来呢？”我从小就告诉他，不能随便摘花。

“好看呗，就想摘喽。”儿子倒也实话实说。

“哦。”花已摘下，这时再进行思想道德教育，有点儿来不及了。我把长篇大论打住。

“不过，我不会浪费它的。”哦，看来儿子摘下茶花自有他的打算。

“营养液呢？”儿子说着就兴致勃勃地去找他那万能的营养液了。那一支小小的绿色营养液，是儿子的宝贝。

儿子是一个生物爱好者，家里养着他采自各地的各种各样的植物，从乡下爷爷家采回的野生小芋头，从汨罗屈子寺捡回的兰草，从南山大草原山顶取回的苔藓，插枝的绿萝……每养一种植物，他都不忘滴几滴营养液——真是万能呀。

“老妈，你看，我把它嫁接到了红薯上，看它能不能活。”儿子神采飞扬地对我说。

“哈哈哈——”看到那朵洁白晶莹的茶花，竟然插在一个小小的橄榄形状的红薯上，我实在忍不住笑了起来。

“啊，把茶花嫁接到红薯上？”我可是闻所未闻，见所未见啊。

但是，只有想不到，没有做不到。我便站在边上饶有兴致地看着儿子忙前忙后。

“我得把它竖起来，放在哪里养呢？”——呵，白茶花的花梗插进了小红薯里，所谓的嫁接工程已经完成了。

儿子环顾了一下客厅，未觅得中意的养茶花的瓶子，便径直走进厨房，从橱柜里拿出了一个白底红花的汤碗，并盛了浅浅一碗底的水。开始，他想把红薯茶花直立起来，可是，这个拿来嫁接的小红薯只有一个普通的鸡蛋那么大。它的身子太小，两头形状又太尖，儿子实在没法让它笔直地站立起来。嫁接好的茶花红薯只能斜斜地靠在碗边上，那白色的茶花花瓣只能向着碗边低垂着，无法像向日葵那样骄傲地抬起头来，春风得意地展示它娇艳欲滴的美。

“怎么办？”儿子歪着头看看，明显不满意，便又打开工具箱，从里面找出一圈双面胶。

“这又是干什么呢？”我还没反应过来，只见儿子已经麻利地用双面胶横穿过碗，在碗中间搭了一座桥，或者说是一道白色的栏杆。呵，别具匠心的双面胶栏杆啊。这样一来，算是给红薯茶花搭了一道可以倚靠的白色栏杆，它现在可以优雅地倚靠在双面胶栏杆上，尽显它的绰约风姿。

“老妈，拿手机来，我拍一下。”红薯茶花终于安好家了，儿子让我赶紧把手机递给他。

咔嚓咔嚓，儿子拍了几张照片，然后心满意足地看着自己的“杰作”，那一朵白茶花与一个小红薯的奇异结合。

在一天十几个小时的学习后，这样的一次嫁接，让这个初三的孩子脸上流露出了轻松和发自内心的快乐。

然而，红薯茶花的故事并没结束，第二天早上，我突然发现，那个摆放着红薯茶花的碗里面，又赫然多了一枚黄色的五角钱的硬币。

“咦，这又是干吗？”我好奇地问。

“我想看看硬币会不会被氧化。”正在吃早餐的儿子正经地回答我。

看着这红薯、茶花和硬币的神奇的三合一，我不禁笑了。

在安全的前提下，在不伤及他人和自己的条件下，儿子想尝试的事情，我都会支持他。我知道，在他所开启的每一次看似稀奇古怪的探索里，他都会进行细致的观察、缜密的思考，将获得新的发现、体验和感悟，而那一切都会超越来自书本上的知识，转化为他内在的思维能力和创造力。

养育小贴士

加拿大的克里斯·罗文是儿童职业治疗师，她在《“被”虚拟化的儿童》中提出了一个重要的观点：尊重个人兴趣与价值体系。她说：“不是所有儿童都对父母和教师提供的活动感兴趣，他们也不会像父母和教师所认为的那样重视这些活动。虽然我们想要培养儿童对差异的容忍度，但是尊重个体的喜好却能够更好地促进儿童内部动机和驱动力的发展。为儿童设计可以帮助他们识别和确定自己独特兴趣和价值体系的活动，尽可能为儿童提供多样的活动选择，让儿童有活动的自由，让他们去整合协调自己的运动能力！”

CHAPTER 06

规则，多一点儿变通

父母制订灵活变通的家庭规则，觉察和接纳孩子在困境中的感受，这样让孩子更能获得自尊感、价值感和幸福感。奉行弹性养育的家庭，更易于培养出有心理弹性的孩子，乐观坚韧，适应性强，人际关系和谐。

01

偶尔晚睡几分钟没关系

吃饭、睡觉这样的日常小事，看起来不值一提，对于养育孩子的父母来说，却是不可小觑的大事，因为它们与孩子的健康紧密相关。有些妈妈，特别是全职妈妈，往往一天到晚全身心扑在孩子身上，就管着一日三餐和睡觉的这些事。

在有的人看来不值一提的那些小事——孩子吃得好不好，睡得好不好，却可能引发亲子之间的冲突，让那些操心的父母为之抓狂，甚至焦虑不堪，头痛不已。

游艺菽是个阳光乐观的孩子，学习上从来不让妈妈操心，其他方面发展得也不错。唯一让妈妈烦恼的是，她和儿子一直在进行着一场旷日持久的拉锯战——睡眠战。

每天早一次晚一次的战争，让游艺菽妈妈很抓狂，因为儿子晚上睡得晚，早上起不来。

有那么一段时间，游艺菽妈妈每天都为儿子睡得太晚而焦虑，大为光火。尽管她每次都会在日记里痛悔自己的发火失控行为，痛斥自己是不合格的妈妈，也会坦然地向儿子承认错误。但是第二天，第三天，同样的战争又在游艺菽家上演。

爱得越用力，似乎心越累。

游艺菽妈妈明明是那样全心全意地爱着儿子，却弄得儿子战战兢兢，如履薄冰，每晚带着委屈和不开心入睡。

这样的持久战弄得游艺菽妈妈心力交瘁。她反反复复地追问自己：我到底怎么了？

有一天，游艺菽在杂志上看到一篇关于睡眠的文章，他立马把那篇文章给妈妈看："老妈，你一定要好好看看这篇文章。"游艺菽指着那一段文字，一字不漏地念给妈妈听。

游艺菽妈妈笑了，知道他是想给自己洗脑，想给她树立关于睡眠的正确认识，改变她以前的观念——多睡早睡身体才健康。

游艺菽妈妈当然也看过那篇文章，当时也好像接受了书中的观点：睡眠时间依每个人的具体情形而定，不一定每个人都要睡那么久。大意如此。

只是，游艺菽妈妈的观念并未彻底地改变。

直到有一天，游艺菽妈妈在着手准备国家二级心理咨询师考试的时候，系统地学到了认知行为疗法，知道了那些错误的认知观念是如何在无形中操控个人的行为的。

有一天晚上，当游艺菽妈妈又因为催促儿子睡觉而冲儿子大吼大叫之后，她又累又恨。十多年来，他们母子之间最大的冲突便是儿子的睡觉问题。

其实，游艺菽妈妈非常讨厌自己这样的情绪失控，更害怕这样的恶性循环会导致恶劣的亲子关系，或者给儿子留下阴影。有一天，游艺菽妈妈一个人在家，她静静地坐着写日记，反思自己这种持久失控行为背后的深层原因：为什么儿子的晚睡能引发自己不可控制的焦虑？

游艺菽妈妈突然清晰地意识到，自己之所以把睡觉这个问题看得这么严重，关键在于，自己一直以来抱着一个观念：孩子睡得多、睡的时间久，才会身体健康。也就是说，自己将身体健康与睡觉的时间紧密地结合在了一起。

游艺菽小时候，身体不够强壮，瘦得像一根豆芽菜，脸色有点儿苍白，胃口也不太好，总是不爱吃饭。所以，在游艺菽妈妈的潜意识里，特别担心他的身体健康。

游艺菽妈妈自己贪睡，甚至有点儿嗜睡。只要没什么事，哪怕是大夏天，周末的整个上午她都可能会在床上度过。即使是醒着，她也爱赖床。

充足的睡眠让游艺菽妈妈感觉极其良好，愉快，舒服，满血复活。一旦熬夜或睡眠不足，游艺菽妈妈就接近全身崩溃的状态，头晕心慌，做什么事都没精神。因此，她从自身的经验出发，总结出了这样的结论：一旦儿子没睡好，他肯定就会吃不好，学不好，玩儿不好。正因为如此，儿子的睡眠问题便引发了她的焦虑和潜意识里的不安，开始担心儿子的身体健康。也正因为如此，儿子的晚睡便成了游艺菽妈妈焦虑的导火索。

睡得晚便身体不健康——这样的固定思维模式，成为一种自动化思维。所以，一旦儿子稍微晚一点儿睡，它便自动跳出来，引爆游艺菽妈妈的焦虑和担忧。

当意识到这一点之后，游艺菽妈妈便放下了执念——尽量让儿子养成早睡早起的好习惯，如果有时候有一些特殊情况，偶尔晚睡几分钟没什么要紧——只要不是睡得太少。与其严格遵守规矩，闹得两败俱伤，破坏了和儿子的亲密关系，不如来个弹性管理，接纳儿子面临的困难时刻，让他放松地去处理自己的事情。

自从改变了对于睡眠的认知之后，游艺菽妈妈的焦虑便烟消云散。即使儿子晚睡一小会儿，她也能坦然接受。母子俩的睡眠战就此结束。

养育小贴士

睡眠时型分为三种类型。一种是早时型——百灵鸟型，早上6点之前起床，中午前后头脑最为灵敏，晚上9点左右就昏昏欲睡；一种是晚时型——猫头鹰型，凌晨3点后睡觉，上午10点后起床，下午6点左右头脑最敏捷，傍晚时分工作效率最高；一种是蜂鸟型——大约70%的人都属于这一类型，它介于上述两种类型之间，不会起得太早，也不会睡得太晚。

睡眠有着明显的个体性，而且每个人的睡眠时间表一直处于变动之中，它们随着年龄改变，根据性别出现变化。无论你的睡眠时间是多少，在任何一个方向的增多或减少（睡得太多或睡眠减少），都会对你的大脑产生影响。

02

少练一次琴不要紧

俗话说："没有规矩，不成方圆。"很多父母因此给孩子定了许许多多的规矩，以为只有严格要求甚至严厉才能培养出优秀的孩子。

在养育的过程中，我们会发现，有时候，规矩可以偶尔破一破，而且从长远来看，更有利于孩子的成长。

"咦，你们母子俩去哪儿了？"周六，小区门口，学完琴往家走的湛湛母子俩刚好碰到住在另一栋楼的星欣妈。两家以前住隔壁，后来搬了家，又买在同一个小区，所以，两个妈妈见面，分外亲切，总要拉几句家常。

"送湛湛学琴去了。"湛湛妈指了指边上背着小提琴的儿子。

"哇，都初三了，湛湛还在学琴？真是不错呀。我们家的星欣啊，自从上了初中，钢琴都不愿意碰了。我们还特地把钢琴给他搬了过来，结果就是放在那里当摆设了。"星欣妈一听他们母子俩去学琴了，一边对湛湛坚持学琴赞不绝口，一边又对自家儿子的这种状况感到说不出的失落。

湛湛妈有一个观点：绘画和音乐是没有国界的，不管走到哪里都没有语言障碍，图画看得懂，音乐听得懂。因此，她主张儿子从小学一门乐器。湛湛从6岁开始学小提琴，和他一起长大的星欣选择了钢琴。

湛湛妈觉得小提琴体积小，方便携带，便带着湛湛开始了学琴之旅。后来，湛湛妈才知道，小提琴既是乐器之王，也是公认的最难学的乐器。"我可从来没想到让他成名成家，只要以后能自娱自乐就可以啦。”对于学琴，湛湛妈是这样定位的。可是，第一次和小提琴老师会面，他就这样对湛湛妈说：“孩子学琴，考验的可是家长能不能坚持，有没有毅力。既然开始了，就一定要坚持下去。每天都要坚持练习，一天至少练45分钟。”

既然琴买回来了，老师也请好了，开弓没有回头箭，湛湛妈就带着他走上了学琴之路。刚开始学小提琴时，湛湛才上一年级，个子小小的，胳膊细细弱弱的。且不说要枯燥地练一个音，一首曲子，光用下巴顶着小提琴，用左手托着琴，过不了几分钟，他就受不了了。

“我不喜欢练琴，我不要学小提琴了。”万事开头难，才学了一个月，湛湛就不想学啦。要费力地举着小提琴，要保持固定的姿势，还得站着一动不动，如此种种，他都不喜欢。与练琴相比，湛湛觉得画画可好玩儿多了，他想怎么画就怎么画。再说，画画的时候妈妈从不在边上指点，这让他感觉很自由很放松。哪像练琴的时候，妈妈就变成了一个威严的“警察”，一会儿盯着他的手指，看手型正不正确，一会儿盯着下巴看琴托是不是放对了位置，一会儿盯着琴码，看举的高度够不够，太不好玩儿了——湛湛打心里不喜欢小提琴。

“刚开始有点儿难，慢慢就好了，你看星欣现在钢琴弹得是不是越来越好听了？”湛湛妈安慰他，以小伙伴星欣现身说法，鼓励他。

邻居家的星欣，每天都按时练琴。他的琴声在隔壁一响起，这边湛湛妈就开始说：“湛湛，你听听，星欣都弹琴了，我们也练一会儿，好不好？”

星欣妈对他要求很严格。她的一个观点就是“必须天天练，一天都不能少，一次都不能落”。每天放学之后，星欣得马不停蹄地先弹一个小时钢琴。如果弹得不够认真，就再加时。有一次，星欣得了重感冒，刚从医院打了吊针回来，星欣妈还让他弹琴。连星欣爸都看不下去了，要他别弹。可星欣妈绝不心软，还是让星欣弹了一个小时的琴。星欣便病恹恹地弹了一个小时的琴，越弹越觉得难过，弹到最后，委屈得大哭起来。虽然后来星欣妈也觉得自己过于严厉，但觉得自己做得没错。

有了隔壁家这样一个榜样孩子和模范妈妈，最开始的时候，湛湛妈也想向星欣妈学习，让他每天坚持练一个小时的琴。可是，一看到湛湛拉琴的时候闹情绪，她就会没原则地接纳他的情绪，不硬性地强迫他，而是“放纵”他。比如，有时，他一天只拉了半个小时。有时，他甚至没拉琴。只要他说：“这首曲子我已经学会了，没必要非得拉一个小时不可。”或是跟妈妈承诺：“我今天不想拉琴，但是明天一定把曲子练熟。”妈妈就不再要求，而是默许他。虽然她的这种没原则遭到很多妈妈的攻击，但她还是会更多地从湛湛的情绪出发，不时地调整自己的要求。

虽然别的学乐器的孩子都在考级，湛湛妈倒也心态平和，不忘初衷，只要他能提高音乐素养，会拉琴就可以了，并不随大流，也不拿考级当一回事。就这样，小学毕业的时候，隔壁家的星欣就已经过了钢琴十级，成了小区内学乐器孩子的榜样。而湛湛呢，还从来没考过级，但也没有停止小提琴的学习。不是不想，是不能。他也和妈妈闹过不学琴了，但妈妈总对他说：“做什么事情，哪能遇到困难就放弃呢？任何事情，放弃很容易，坚持就很难。我们不是在学琴，是在学做人，妈妈是在培养你的毅力。如果今天实在不想练琴，妈妈就给你放一天假，不用拉。但我们要坚持学下去，好吗？”每次一听妈妈这么说，湛湛便觉得确实有道理，再说，妈妈并不像别的妈妈那么要求严格，相对来说，他还比较自由。碰上自己实在不想拉，偶尔又能给他放假，让他感觉轻松不少。何况，妈妈总是能理解和接纳他的小情绪，他便也不再说不学琴，就这么一直学着琴。让他自己也没想到的是，就是妈妈这种宽容的态度和没原则，让他不再反感拉琴。随着学琴的时间越来越长，会弹的曲子越来越多，他倒慢慢地对小提琴越来越有兴趣。偶尔心里烦了，他自己主动地拿出小提琴，拉上几首自己最喜欢的曲子，便感觉好多了。比如他最喜欢的《小步舞曲》，那欢快的节奏和流畅的旋律，总能让他感到轻松和快乐。他开始慢慢体会到音乐的美妙，开始享受小提琴带给他的快乐。

正因为这样，即使到了最紧张的初三，湛湛也没有停止小提琴的学习。当然，妈妈和他商量后把他学琴的时间做了调整。以前每周上一次课，进入初三之后，他学琴的时间就改成了两周一次。练琴的时间改成了隔三岔五。但是，只要能抽出时间，湛湛都会主动地去练琴。

湛湛妈感到欣慰，正是由于自己的宽松和没原则，才让儿子真正地享受到音乐的美妙，发自内心地喜欢上了拉琴。

生活中，父母在给孩子自由和爱的同时，应教给孩子秩序和原则。这自然是无可非议的。

但是父母要针对孩子的不同个性和实际情况，对于规矩和原则，相应地做出弹性调整，才可能接纳孩子的情绪，更好地帮助孩子的心灵获得自由的成长，而不是让一成不变的规则限制孩子的成长。

养育小贴士

美国亲子教育专家海姆·G.吉诺特在《孩子，把你的手给我》中说："对孩子的行为限制是有技巧的。在制定限制时——就像其他所有教育手段一样——成果取决于方法。必须清楚地告诉孩子：什么是可以接受的行为,什么替代行为是可以接受的。做出限制时该用什么态度，必须谨慎思考，要把孩子的不满降到最低程度，要保留孩子的自尊。"

03

生病了可以不上学

孩子的身体第一还是学习第一？

如果问天下父母这个问题，他们肯定都会毫不犹豫地做出选择：身体第一。

如果孩子生病了，要不要去学校上课？这个具体的问题，可能会有几种不同的答案。有的也许会说，得看生病的情况而定，如果情况严重，当然给孩子请假不去上课。有的会说，如果是小感冒等动不动就请假，岂不是太娇气了，会不会惯坏孩子？还有的可能会说，如果他是因为不愿意去上学，假装生病不去学校，怎么办……

每对父母自然都希望孩子健康快乐地成长，但是，在成长过程中，孩子的身体总是不可避免地会出现一些状况，比如感冒、发热、头痛、咳嗽等。对于没上学的孩子来说，可以让他在家待上几天养一养，小毛病就没了。可是，如果孩子上学了，碰上生病的情况怎么办呢？是让孩子带病坚持上学，还是给他请假？如果孩子是真的生病了，一天不去上学，也没有什么问题。

强调孩子是真的生病了，是想排除有些孩子确实会撒谎，因为他们不想上学。而这种孩子的问题就更加值得引起注意，因为那可能是压力而引起的心理疾病。

“维维，赶紧穿上衣服，背好书包，爸爸送你去上培训班。快点儿，马上要迟到了。”

“维维，你今天别去上课。妈妈马上给老师打电话请假。”

“动不动就今天请假明天请假的，还上什么培训班？”

“她生病还没好，你看她脸蛋都烧得红红的，就让她在家好好休息一天不行吗？一天不去上培训班有什么要紧？”

周六一大早，廖筱维的爸爸妈妈就为了到底要不要让她上学，发生了激烈的争吵。他俩的嗓门一个比一个大，好像谁的声音大就是谁有道理。以前如果维维在场，两个人还不会当着她的面吵架。可是，今天不知是怎么回事，好像完全把她当成了空气。

躺在床上的维维看着动怒争吵的爸爸妈妈，一时不知如何是好。说实话，她虽然醒了，但是，还是觉得自己有气无力，脸上发烫。要是强打起精神，她也能硬撑着去上学，至于学习的效果，恐怕就无法保证了。内心里，她确实希望像妈妈说的那样，不去上培训班，在家里好好地休息休息。

“你就是娇惯她，一点点发热算什么？动不动就给她请假，以后她就不会再想去上课了。”爸爸好像突然意识到了维维的存在，走到床前用手摸了一下她的额头，确实还有点儿烫，但他觉得还不到非得请假的地步。

“我这算是娇惯吗？维维是真的生病了，这是特殊情况，难道就不能变通一下，非得逼着她去上课不可吗？如果她健健康康的，我肯定不会给她请假。”妈妈心疼地看着维维，她可不希望孩子带病坚持上学。作为妈妈，她认为在疾病面前，其他的一切都不重要。

“好吧，我说你你不信，总要和我唱反调。你看看人家周老师是怎么说的。你是温柔，但你做到坚定了吗？你坚定地坚持送孩子上课了吗？”维维爸看着维维妈坚决反对的神情，便拿出手机，翻出了培训班周老师前一天晚上发的一则微信。

明天就是周末了，请各位家长记得准时送孩子来上课！

重要的话说三遍，请不要轻易帮孩子请假！请不要轻易帮孩子请假！请不要轻易帮孩子请假！

孩子请一次假，就会落下一次课，积累一次学习惰性；

孩子请两次假，也许就会将请假当成家常便饭；

孩子请三次假，也许就会变得越来越任性，想请假就请！

学习贵在坚持！我们希望大家温柔而坚定地爱孩子！

维维妈边看边念出声来，到最后，她说道："呵，你就是因为看了这则微信才这么铁石心肠，这么坚持原则的。学习当然是要坚持，但是，难道要无条件坚持吗？孩子生病了也要坚持吗？我才不相信，生病了请一次假就会惯出什么毛病来，你说你是不是夸大其词了？再说，试试不就行了。看这次生病请假了，以后没生病的时候，维维会不会找各种借口请假，我不跟你争，咱们用事实说话。"维维妈看了老师的这则微信，觉得又好气又好笑。从老师的立场来说，她当然也能理解周老师的良苦用心，她希望孩子们能保持良好的状态，个个出满勤，不出现任何厌学的现象。

"这样吧，我们把决定权交给维维。如果她愿意去上课就送她去，如果她不愿意去，我们就不勉强她。"听了维维妈的话，维维爸的火气慢慢降了下来。说实话，他相信维维不会变成那种任性的孩子，把请假当家常便饭，或者找各种借口去请假。

"我今天还是不想去上课。我想再好好睡一会儿。说不定我睡一觉起来，就不发热了，就会有力气了。爸爸，你放心，我绝对不会变成那种任性的孩子。"维维听了爸爸的话，绷紧的神经总算放松下来，她把身子缩进温暖的被窝里，开心地笑了。

"妈妈，我爱你，谢谢你理解我。"维维看着妈妈，扑上去亲了她一下。

维维妈疼爱地抱着维维，认真地说："宝贝，你要记住，身体健康永远是第一位的。有了健康，我们才能好好学习，快乐生活。以后，你可得加强锻炼哦，不要动不动就感冒发热的。希望以后，爸爸妈妈不要再为了你生病请假的事吵架了。"

养育小贴士

海姆 · G.吉诺特在《孩子，把你的手给我》中提出：“对于可接受和不可接受的行为，孩子需要一个明确的界限。当他们知道允许的行为的边界时，他们会觉得更安全。”

有一些行为，父母不认可，但是因为某些特别的原因，可以忍受。其中包括：

“初学者的容许失误。”

“困难时刻的容许失误。在特别紧张的情况下——事故、疾病、搬家、和朋友分离、死亡，或者家庭离异等——需要另外的变通。”

04

规矩偶尔变一变，也成方圆

“没有规矩，不成方圆。”

“为人母者，不患不慈，患于知爱而不知教也。古人有言曰：‘慈母败子’。”

这两句古训，可谓千古流传，耳熟能详，根深蒂固。

前一句强调，做任何事情的时候都要制定并遵守一定的法则、标准、规范或习惯，否则就不可能成功。

后一句强调爱孩子得知道方法，把握度，不能过分娇纵和宠溺。

其实，时代发展到现在，儿童教育越来越注重孩子本位，父母越来越讲究教育智慧，既注重与孩子共情，讲究爱的艺术与技巧，也同样讲究给孩子的行为设限，制定纪律和原则。只是不涉及禁止的行为，比如涉及法律法规，妨碍自己或他人生命安全，当日常生活中孩子遇到一些特殊情况时，父母将规矩偶尔灵活变通，偶尔例外又何妨？这样，不但不会培养出问题孩子，还会培养出高情商的孩子。那些在善于灵活变通的家庭里长大的孩子，面对变化的生活往往能做出正确的应对决策，长大后适应社会的能力更强，生存能力更强。

我清楚地记得，一天一早打开微信朋友圈，看到老朋友池子发的这样几句话：

上完钢琴课，做完作业，9点多了。准备睡觉，女儿突然大叫：“明天10号，我要交参赛作业给黄老师。”

我的天！我说："算了，太晚了，'抱佛脚'也晚了！"

"不！"女儿说完便拿起一把美工剪，冲进房间，开始剪写字板。女儿接着说："先做硬壳封面，今晚不睡觉也要做好。"于是，我陪着女儿画到12点半。

第二天早上6点接着做，再接再厉，全线收工时发现已经8点。然后用最快的速度刷牙、洗脸、吃早餐，飞奔到学校。

然后，废寝忘食的我不明白那个小小身体里的废寝忘食的力量来自哪里，居然有那么多我不了解的东西。

这种发现真是又好奇又震惊又心疼又欢喜。

深吸一口空中醇香桂花酿的气味，祝愿这个小孩子能补一个秋梦，今晚有时间睡一个长觉。这是一个妈妈的心愿。

一大早发这么长的一则微信，是因为池子深有所感，因为她头一次发现女儿小小的身体里迸发出一种令她震惊的力量，一种从未发现的力量——坚定、执着、向上。

晚上3个小时，早上2个小时，为了赶一份参赛作业，女儿熬夜起早，花了整整5个小时。

换了别的妈妈，会怎么做呢？可能有一些脾气暴躁的妈妈，一听到那么晚了还有作业没做，会暴跳如雷，然后便是指责和批评；如果孩子坚持要做，她可能也会勉强同意，却一直会在边上唠唠叨叨，不给出实际的帮助；还有一些特别注重讲规矩，原则性强的妈妈，到了孩子规定睡觉的时间，会坚决不允许孩子去完成参赛的作品。

学习和生活中，孩子总会有这样一些突发状况，特别是出现池子女儿这样两难的问题，令父母骂也不是爱也不是。孩子排除万难，非得完成老师布置的任务，这种行为平日里按说是值得赞赏的。但当时面临的问题是，时间太晚了。这种困难时刻，父母该怎么办？

面对孩子的突发状况，最考验的就是父母的功力、脾气、修养等，其中，起决定作用的是父母本身的情绪控制能力、教育理念及应变能力。

其实，一个家庭，一对父母，也应该有危机预案。这样，当孩子碰上一些特殊情况要处理时，就能从容应对。

而在那段时间里，池子虽然开始也建议孩子别去做，但看到孩子那么坚决，她只好顺从了孩子的愿望，灵活变通，按照当时的实际情况，将平时按时睡觉的规矩变了一下，陪着孩子熬夜，又陪着她起了个大早。并且在该帮忙时帮忙，没有指责和啰唆，只有默默的陪伴。以生动的文字记下这一个让她感触颇深的故事，并送上一个妈妈的祝福，希望女儿能补上美美的一觉。

我相信，遵守平时的规矩，与强行逼迫孩子上床睡觉相比，这样的一次破例，对孩子来说是一次非常宝贵的成长体验。孩子在花费5个小时，做好了自己的参赛作业时，她的心中一定会涌起小小的成就感，升腾起自信。同时，她也会感受到妈妈深深的爱。妈妈一直陪伴在身边，和她一起奋战，这在孩子遇到危机或困难时，是一种多么强有力的支持！而且，母女并肩作战，会让母女之间的联结更深。因为妈妈用自己的行动告诉她，当她遇到困难时，当她下定决心去做一件事情时，她可以尽情地去冲锋陷阵，妈妈会一直在这儿，理解她、支持她。

当然，这样的一次破天荒晚睡的经历，对孩子来说，也会一定程度上促进她对于责任和担当的理解。她也会在妈妈的提醒下，注意以后对于要完成的事情提前做好规划，免得再次出现这样的情况。

养育小贴士

美国著名的心理学家萨提亚在她的《新家庭如何塑造人》中指出："在和谐家庭中，如果制订好的计划因故不能实行时，他们会采取一种乐观的方式来做调整。正因如此，他们可以从容地解决生活中出现的问题……就这样，一件小事给了孩子一个学习的机会（这样会增强孩子的自尊），而不会成为损伤孩子自尊的惩罚的理由。在和谐家庭中，你很容易体会到人的生命和情感是重于一切的。"

05

有弹性的原则，孩子更乐于接受

在孩子成长的过程中，父母除了要尊重他的天性，用心地爱他，呵护他，给他充分的自由，给他成长的空间和时间，也需要纪律、原则和秩序的约束。没有边界的爱，就是溺爱，就可能导致行为的失范。在一些行为上，作为监护人，对于未成年人，父母需要给他设限，更需要提醒他，哪些行为是允许的，哪些行为是禁止的。

国有国法，家有家规。对于孩子，每个家庭都有自己的处事原则。可是，原则和秩序建立之后，在实施的过程中，怎样灵活应对一些突如其来的问题？怎样建立家庭里的危机预案？对于孩子和父母来说，都非常重要。因为这不但影响到亲子关系的建立、整个家庭的氛围，还影响到孩子对自己行为和情绪的控制等。

作为一对双胞胎男孩的妈妈，方力桑老师最近有点儿烦，更是着急。

她突然发现，自从儿子们上了高二，她有点儿害怕过周末。

方老师工作忙，学校离家远，因此，上高中后，双胞胎儿子大毛和小毛，平时都在学校寄宿。每周五下午才回来，周日下午去学校。周六呢，她还给孩子报了培训班，要上一整天的课。所以，一周下来，一家四口待在一起的时间就只有一天一晚。以前，她特别期盼两个儿子回来，从周四甚至周三就开始乐颠颠地采购，挑选儿子们喜欢的水果、零食，精心安排两天的食谱。等到他们回来的那个晚上，她就会端上一桌丰盛的晚餐，美味佳肴尽数奉上。看到两个儿子狼吞虎咽地吃着，她心里感到无比幸福。晚餐后，一家四口外出散散步，聊聊天，欢声笑语，其乐融融。

可是，最近几周，那种快乐的日子不再有了。每个周末回来，方老师总是和儿子们不欢而散。

说起来，都是手机惹的祸。

自从上了高二，学校严令禁止，不让学生带智能手机，所以，大毛、小毛在学校只能使用有管控功能的学生手机。平时，最多只能打电话、发短信，根本没法上网。

所以，最近，两个儿子一回家，第一件事就是各自扑向爸爸妈妈的智能手机，玩游戏，看微信。有时候，两兄弟一起联手玩游戏，打得热火朝天。有时，方老师把饭菜全端上了桌，得喊半天，他们才恋恋不舍地放下手机。有时，吃到一半，又拿起手机，着了魔似的玩儿一阵再吃饭。

大毛、小毛连好好吃一顿饭的心思都没有，更别说像以前那样，边吃边聊，听他们讲讲学校里发生的新鲜事。美食显然已经对他们失去了吸引力。至于以前饭后一起散步，现在也没有了可能。两兄弟吃完晚餐后，就抱着手机，根本没心思去和他们散步。更让她焦虑万分的是，她发现，培训班布置的作业，他们也做得马马虎虎，完全是应付。她稍微检查一下，就看出不少问题。

对两个儿子的这种种变化，方老师非常失落。而更让她担心的是，怕他们玩手机上瘾。因为，她强烈地感到，她对这两个儿子已经处于失控状态。

所以，这个周末，刚刚接了两个儿子回家，方老师决定先跟他们好好地谈一谈。作为经验丰富的老师，她知道青春期的孩子，不能跟他们硬着来，得好好沟通。

“大毛、小毛，如果你们还是一回来就玩手机，作业也不认真做，那么周末就别回家，也待在学校吧。我一个月来接你们一次。”虽说自己明白跟儿子们交流时得心平气和，可是话一出口，方老师才发现自己火药味十足。

“老妈，我们平时都没手机玩儿，就周末回来才拿你和老爸的手机玩儿一会儿，你至于这么生气吗？”大毛看出了妈妈的不快。

“老妈，我们一玩手机，你就在边上念叨个不停，我们从来没有好好玩儿过。一个星期你就不能让我们痛痛快快地玩一下手机吗？”小毛想争取玩儿的权利。

“可是，你们太上瘾了啊。一回家就抢我们的手机，玩儿个不停，连作业都没心思做了。你们看这几次培训班的作业你们认真做好了吗？花那么多钱给你们补习，你们不好好加油，只想着玩手机。明年就高三了，高二可是学习的关键期。你们一门心思扑在手机上，这个样子，我实在是着急。”方老师一急，抱怨、指责的话也就脱口而出了。

“老妈，如果我们把培训班的作业做完了，就可以玩手机了吗？”大毛嬉皮笑脸地问。他总是能一针见血地看到问题的本质，知道妈妈最担心的是他们的学习。从小到大，妈妈给他们定的规矩就是：学习第一，作业第一。

“如果作业都做完了，还是可以玩儿一下。我并不是完全不让你们玩手机啊。”方老师表达了自己的观点。不管是学生还是自己的孩子，她一直认为只有学习好了才有资格玩儿。

“老妈，如果我们回来先陪你们聊聊天、散散步，再把作业好好完成，就可以使用手机，对吗？那我们就吃完晚餐散完步再玩一下手机怎么样？”小毛更会考虑妈妈的感受。

“好吧，如果这样，我倒可以考虑一下。”方老师被小儿子说中了心思，便也决定退一步。

“我看不如干脆这样，每周五回来，这个晚上的时间你们可以自由安排。10点之前，你们想做什么就做什么，看电影，看课外书，或是玩电脑或手机，都可以。你们只负责好好放松，其他的事我来负责，我负责让你妈妈别在边上唠叨，行不行？至于周日能不能玩儿，就得看你们周六的表现了。我们得根据你们的情况灵活安排，怎么样？”一直在边上“观战”的爸爸，慢条斯理地提出了自己的想法。

“真的吗？周五晚上可以玩儿个痛快？周日只要作业完成得好，也可以玩儿吗？老爸真是英明！老妈，你能做到不唠叨吗？”大毛、小毛听到爸爸的安排，高兴得跳起来。

“作业一点儿都不用做吗？周末学校老师也安排了作业的呀。”方老师时刻不忘记盯着作业。

“亲爱的方老师，大毛、小毛一周才回来一次，回到家，肯定想放松一下啊。不如让他们一周下来有个念想，可以痛快地玩儿一个晚上，好好放松，他们去了学校，学习起来会更来劲儿，是不是？”爸爸一边安慰忧心忡忡的方老师，一边争取儿子们的支持。

“就是就是，老妈放心，我们去学校肯定会认真学习的。放心，明天晚上，我们一定会认真完成所有培训班的作业。”大毛、小毛赶紧附和爸爸的意见，让妈妈吃个定心丸。

“你们真的能做到吗？就让你们试试吧。我拭目以待。”

虽说对于这个新规则的执行，方老师心里还没底，但看到两个儿子欢天喜地的样子，想想孩子爸爸说的又不无道理。“那就试试吧。”方老师想。

困扰了方老师多日的问题，没想到，就这么愉快地解决了。

养育小贴士

有弹性的原则，父母更能考虑孩子的感受，特别是理解和接纳孩子的负面情绪，设身处地地考虑到孩子的真实感受和意愿，更容易与孩子共情，有利于改善和促进良好的亲子关系。

旧式的强制禁止与新式的设定限制，两者之间有极大的差别。以往，青少年的感受通常遭到忽略，父母只有在愤怒与争执之际才设定限制，而且在设限时总是出言不逊，惹人反抗。现在所采用的办法是：设定限制时要以维护青少年的自尊为主。这些限制既不能霸道也不可善变，以价值为主轴，并且以建立人格为目标。

（《有话慢慢说》第94页，〔美〕汉恩·吉诺特著，许丽美译，中国广播电视出版社，2009年版）

06

小小的要求被满足，孩子的自我认同感更强

无疑，父母是孩子成长过程中的“重要他人”。

父母的爱，是孩子成长不可缺少的心理营养。

日常生活中，孩子一些小小的要求得到满足，他的自我认同感会更强。因为他会感觉自己的需求是重要的，他是被爱的，他会感到自己对父母来说很重要，他会觉察到自己是有价值的。

对于孩子提出来的一些小小的要求，只要不涉及重要的原则问题，只要是父母能够满足的，不妨就满足他们。

让孩子体会到共情，体会到被爱，体会到被接纳，他小小的心中就会充满爱和幸福的滋味。

分享几个真实的小故事，并加以简单点评。

一起玩游戏

登登妈

晚上9点多，登登走过来，撇着嘴巴说：“妈妈，今天的作文太长了，等我誊完我怕时间太晚了，就没有时间和你们一起做题玩儿了……”说着，眼泪就要掉下来了。

这时候，爸爸听到了声音，一个箭步冲进来，开始了“飞机旅行”的游戏时间。

5分钟之后，登登继续认真誊作文。我们也答应他，无论什么时候完成，我们都会陪他做题玩儿的。

注重孩子的情绪线索，在眼泪还没开始掉时，爸爸马上和他玩游戏，化解他的担心，并且答应他玩游戏的要求。爸爸用实际行动告诉他：“我们很在乎你的情绪，我们希望你快乐，你对我们来说很重要。”

让孩子自己买鞋

浩子妈

周末，准备坐车去学校时，儿子发现自己的鞋子破了。他说要自己去买。我二话不说就答应了，并告诉他只要保证鞋子的价位在300元以内，至于牌子、颜色、款式都由他自己定。以前都是我帮他买鞋买衣服，买什么牌子、款式和颜色，一般都是我做主。他基本插不上话，我好像根本没想过给他选择的机会和权利。儿子听了，非常高兴地接过我给他的钱，还大声地说“谢谢妈妈”。我顺便嘱咐他晚上不要熬夜，儿子也爽快地答应了。

虽然只是满足孩子自己买鞋这样一个小小的愿望，但他却会感到被尊重和理解，感到自己长大了，可以自己做主了。这个方法不错。

猕猴桃一家

米吉卡

前段时间，《女友》杂志让我写一篇卷首短文，于是……我又“消费”了昕巴一小下：

昕巴，4岁。

吃过晚饭，我说：“我们吃点儿水果吧。”

冰箱里有三个猕猴桃，一个大的，一个中的，一个小的。

昕巴说：“大的是爸爸，中的是妈妈，小的是宝宝。”

我说：“吃一个小的好了。”

他有点儿迟疑地问：“它会不会伤心？”

“谁？”我一边剥着猕猴桃一边问。

“宝宝，”他说，“我把他吃掉，他不会伤心吗？”

“呃……不会的，”我说，“你的肚子里很温暖，比待在冷冰冰的冰箱里舒服多了。”

他吃起来。

一个猕猴桃吃完，他问：“另外两个也给我吃，好吗？”

“好的！”我说，“不过今天不能再吃了，已经吃太多东西了，可以留到明天吃。”

他缓缓地把打开一半的冰箱门关上。

我去忙别的，等再回来时，发现他满身的猕猴桃汁，嘴巴和手黏糊糊的。

我打开冰箱看了看，果然，他把另外两个猕猴桃吃掉了。

我板起脸：“你吃那么多肚子会不舒服的！”

他却很满意：“宝宝一个人在肚子里会想念爸爸妈妈的，它们一家人得在一起。”

我佯装生气地把他拉过来，给他揉肚子。

嗯，一家人得在一起。

真是有意思，妈妈顺着4岁宝宝的逻辑，没有拆穿他吃三个猕猴桃的小心机。让他满足了小小的馋劲儿，而且强调“一家人得在一起”的理念，让爱在孩子的心头弥漫。

让他看个够

智也妈妈

今天，我在网上订购的《二体》到了。一回家就把它拿给智也。他迫不及待地撕开包装，一会儿就聚精会神地看了起来。瞧他那着迷的样子，估计一时半会儿停不下来。虽然知道他还没开始做家庭作业，但我并没有打断他，就让他自由地在科幻中畅游，尽情地享受阅读的乐趣吧。与新书的吸引力相比，晚一点儿写做业又有什么关系呢？

对于学习任务繁重的孩子，有一小段自在阅读的美好时光，实属不易。智也妈妈理解孩子被故事吸引的美妙感受，并让他尽情地享受阅读的乐趣。满足了孩子阅读的需求，而不是半路打断他，强行逼他做作业。做得不错！

发奖状

点妈

点姑娘要找奖状，我说：“好多都找不着了，别费时间了。咱们也不在意那些。”

点爸想拉我去散步，便对点姑娘说：“我们去新房子给你找奖状好了，你在家里好好做作业。”

点姑娘说：“如果我做完了作业有什么好处？”

点爸说：“那就回来给你发一张奖状，签上爸爸的大名，是爸爸颁的奖状，多有趣啊。让你妈妈也给你颁一张奖状。”

点姑娘兴奋地说：“说好了啊，你们回来给我颁奖状！说话要算话，还要签上你们的名字……”

点爸跟我走在路上说：“唉，点姑娘到底是幽默还是幼稚啊，这么喜欢没用的东西。”

这个世界上什么有用什么没用，每个人的观点各不相同……点姑娘有她自己的世界，这才是最重要的。生活中，能找到自己的世界多么不容易，所以，我们要耐心地等，最后开放的花，不一定是最美的，却一样拥有灿烂的岁月。在别的花朵开得正美的时候，这一朵花还在努力学习如何开放，这个开放的过程会更有故事吧……

成人眼里看似没用的东西，对她来说却很有用：点姑娘在意的其实并不是奖状本身，而是爸妈融注在其中的对她的肯定、关注和爱。尊重孩子的天性和爱好，让孩子在自己的世界里，自然地长成自己的模样，多好！为点妈的教育理念点赞！

养育小贴士

林文采博士认为，“重要他人”，指的是在孩子心理人格形成及社会化过程中，最具影响力的一个人。这个人的养育态度及行为举止，将对孩子的成长形成决定性的影响。这个人由孩子自己挑选，最初、最本能的选择当然是爸爸妈妈，如果爸爸妈妈不行，他可能就会选择祖父母、老师或其他长辈。

从这个人身上，孩子希望得到无条件的接纳，希望成为这个人生命里最重要的人。如果孩子在小时候，没有找到这样一个理想的“重要他人”，那么他一生中都会去寻觅。

CHAPTER 07

交流，多一点儿“示弱”

良好的亲子关系，胜过一切空洞无效的唠叨和说教。和孩子像朋友一样平等交流，耐心聆听孩子的心声；适时“示弱”，以退为进，给予孩子接纳和尊重，能够收获孩子发自内心的信任，促进亲子之间进行无障碍的沟通。

01

孩子说感受，你讲道理——最糟糕的交流模式

儿童与成人是如此不同的两个物种，所以，父母和孩子之间要想进行良好的交流，就得千方百计地找到孩子世界的那个中心。关键是做到理解与共情，换句话说是设身处地地为对方着想，“共情”两个字看似很简单，但真正做起来，却是很难的事情。

一些父母往往会犯这样的错误，孩子本来只是有感而发，对某一件事发表自己的看法，表达自己的感受，想获得你的认同或理解，你不但不认同和接纳他的感受，反而完全无视，直接上纲上线，来一番长篇大论的说教，说一大通看似放之四海而皆准的大道理。

许多父母和孩子交流如果存在障碍，多半都是因为采用了这样的沟通模式。但是，这样的父母往往意识不到自己的错误，有的甚至会恼羞成怒，变本加厉地指责甚至谩骂孩子。

北北平时寄宿，周末才回家。

每次北北一回家，妈妈就很开心地忙这忙那，还会笑着说：“北北一回家，我们就像过节呢。”每次北北回来，爸爸妈妈就要去菜市场大采购。

“北北，妈妈要去买菜，陪我一起去不？”周六一早，看到北北起床了，妈妈就高兴地叫他。

“好吧！”犹豫了一下，北北还是答应了。

五月底六月初，南方的气温已经很高了，北北帮妈妈大包小包地提着各种各样的菜，走了一会儿就觉得满头大汗，口干舌燥了。

“妈妈，天气太热，我好渴，想喝冰奶茶。”看到路边有一家奶茶店，北北对妈妈说。

“好吧，你想喝什么口味的？”北北今天这么爽快地陪自己出来买菜，妈妈很高兴，二话不说就答应了。

“就要一杯原味的珍珠奶茶吧，喝了好多种奶茶，还是觉得原味的最好喝。”北北说。

“那就来两杯原味珍珠奶茶吧！”北北妈便也要了和北北一样口味的冰奶茶，母子俩边走边喝，边说边聊。冰奶茶一入口，北北就感觉好像全身都有凉意了，话匣子便也不知不觉地打开了。

“妈妈，我好久都没喝过奶茶了。你知道吗，我们学校里，就只有一个商店里有奶茶卖。有一次，我去买奶茶时正好被班主任看见了，结果被她喊住，大太阳底下给我讲了半天道理，比如，奶茶不健康，里面全是色素和添加剂，最好少喝；冰的奶茶更加不要喝，喝了对肠胃不好，生病了怎么办，得急性肠炎怎么办；再说这么一杯奶茶就要10元，太奢侈啦，你爸爸妈妈赚钱容易吗……真是烦人，不就是买一杯奶茶喝吗，有必要讲那么多道理吗！”

“你们老师说得很对啊，电视里、网络上都报道过，好多奶茶产品都不合格，是直接用添加剂调出来的。夏天也最好少喝冰的，对肠胃确实不好。寄宿生的爸爸妈妈不在身边，万一生病了还不得麻烦老师？再说，奶茶也确实有点儿贵，买一杯奶茶的钱都可以买一个西瓜了。要不是和你一起买，我平常都不会买着喝呢。你们现在还未成年，自己赚不到钱，所有的钱都得靠父母来赚，爸爸妈妈赚钱确实不容易，你们应该节约一点儿。”北北妈接过北北的话，说了一大通。她根本没发现北北的脸早就拉下来了。

“好啦！你比老师更啰唆、更烦人！你先回去吧，我去前面的书店里买本习题册。”说着，北北气呼呼地放下手里提着的大包小包，大步流星地甩头就走。

“我这说的不都是大实话吗？你怎么就生气了呢？老师和妈妈还不都是为

了你好吗？怎么我一开口就嫌我啰唆呢……”看着北北生气的样子，北北妈的心情也越来越差：这孩子怎么回事呀？怎么我一开口就嫌我烦呢？我就不能开口说话了吗？

好好的一个周末，开始还和自己有说有笑地买菜，儿子怎么就为了一杯奶茶生起气来了呢？北北妈怎么也想不明白。

就说话本身来说，老师和北北妈都没说错，冰奶茶确实存在一些健康隐患，喝多了对肠胃也会有影响。但是，北北因为怕被老师教训，很久没买奶茶喝了。这次终于喝到奶茶，他觉得很开心，便自然而然地联想起上次被老师教训的事，便有感而发地说了几句。其实，他本来只是想把之前被老师教训的那种不快的感受说给妈妈听。结果呢？妈妈却根本没明白他说话的重点，没考虑到他的感受，更没有接纳他的感受，反而又拿他本来反感的老师的说教模式来回应孩子，北北自然更烦了。

很多父母跟孩子交流的时候，经常陷入尬聊，就是因为他们也容易犯同样的错误。很多时候，孩子跟父母交流时，他启动的是感受模式，他本来只是想向父母诉说一下他的某种感受；父母却往往启动说教模式，不是回应孩子的感受，而是动不动就上纲上线，讲一番道理，对孩子说教一番。

这样的交流模式完全就是“鸡同鸭讲”，孩子怎么会乐意跟你继续说下去呢？自然，只会陷入不尴不尬的境地。

养育小贴士

父母和孩子进行交流时，最关键的是要做到理解和共鸣。当孩子跟你说起某一件事时，特别是当他抱怨他的朋友、老师时，就孩子对这件事的感受做出回应，这样才能有效沟通。

02

这个问题，我想听听你的意见

人无完人，大多数的父母都是普通人，他们自然也有不足之处，他们也会有自卑和懦弱的时候。哪怕是再事业有成的父母，他们也可能对自己的某一方面不够自信。

那么，孩子到底会怎么看待父母不够自信的方面呢？当父母适时地向孩子坦白和示弱时，他们会有什么反应呢？

当下，不少父母已经无可避免地成了所谓“手机控”“低头族”中的一员。

一有闲暇，他们就喜欢刷刷微信朋友圈，因为期待生活中有新鲜的事情发生，有小小的惊喜可以分享。可是，许多内容都是在转发、分享别人的链接，真正原创的内容往往较少。

逸爸是微信圈里的“稀有物种”，因为他从不转发别人的内容。他在微信里只做一件事，每天都坚持在微信上发说说，说的大都是关于他儿子的故事，记录着儿子生活中的点点滴滴。逸爸的文风朴实、细密、温暖，字里行间全是美好与爱。在看似细碎的叙述里，他毫不掩饰自己作为一个父亲对于孩子深沉而执着的爱。

小逸上小学五年级。虽然逸爸瘦瘦的个子、瘦长的脸，但儿子却长得壮实，虎头虎脑，胖乎乎的脸上阳光灿烂，可爱得很。逸爸是出了名的超级好爸爸，对儿子倾注了所有的爱，差不多就是“言听计从”。只要儿子有什么想法，他都会尽力满足。逸爸有一个众所周知的“硬伤”，说话带着相当重的方言口音，和他不熟悉的人，第一次听他讲话会听得很吃力。

一天，逸爸在微信朋友圈里讲了一件事，相信每个熟悉他的人对他内心的纠结可谓感同身受。

还记得5月，我被学校评上了“我最喜欢的爸爸妈妈”，一共评了6位，每个年级1位。校长亲手把奖杯颁发给我、妻子和孩子，这是我一生最高的荣誉。

今天，接到老师通知，周五下午开家长会，学校安排我作为家长代表发言，与大家分享一下教育孩子的心得。当老师交给我这个任务时，我是诚惶诚恐的，我想委婉拒绝。

当然，我要感谢学校老师给了我这么一个好的机会。作为家长，得到老师的信任与厚爱，我感到非常荣幸。但是，我不会讲普通话，担心大家听不懂。我从来没有如此纠结过。

回到家，跟孩子说起了我的顾虑。我非常诚恳地说出了自己担心的问题，征求他的意见，对他说：“你说爸爸是去还是不去发言呢？我就是怕普通话讲不好，到时丢你的脸。这个问题，我想听听你的意见。”没想到，孩子轻描淡写地说：“没关系，你去参加好了。”

在孩子的鼓励下，我答应了。正是孩子的肯定，让我有了足够的信心，以良好的心态去参加家长会。

当然，向孩子坦白自己的弱点，说出自己的纠结，确实需要勇气。一些父母会担心，一旦让孩子看到了自己的不足，可能就会在孩子面前失去权威性。其实，恰恰相反，当父母向孩子坦率地说出自己内心的脆弱，或者请求他的帮助时，孩子反而会将父母当作朋友，坦诚地表达自己的观点，甚至会给处于危机或困境中的父母以鼓励、安慰，和父母一起共渡难关。

养育小贴士

“儿童是成人之师。”如果父母勇敢地敞开心扉，向孩子袒露弱点和不足，根本不用担心孩子会瞧不起自己，反而更能与孩子进行真正平等的交流与对话，并能获得孩子的理解和尊重。而且，他们也正好以言传身教的方式，告诉孩子当自己面临困境时，如何与人更好地沟通，获得有力的社会支持。

03

这个难题，我们一起商量好吗

小升初、中考、高考——从上小学到上大学，孩子面临三次升学考试，这种时候，往往是父母和孩子焦虑的高发期。

关键时期，如果遇到一些亟须解决的高难度问题时，不仅孩子自己容易产生焦虑情绪，一些父母更是无法控制焦虑，甚至将焦虑情绪传染给孩子。

怎么办？任何时候别忘了，别代替孩子做选择，别强迫孩子按自己的想法去行动，孩子才是主角，把选择权交给他，父母只需从旁全力支持，理清头绪，分清主次，制订可行性的计划，就能解决难题，化解焦虑。

贺小轩就面临着人生中重要的升学考试——中考。

中考已接近最紧张的考前状态，倒计时只剩下两位数了。

一个月一次月考，每天各科的试卷做不完，老师和同学都处于近乎癫狂的备战状态。

贺小轩遇到的难题是，体育中考马上进行。

贺小轩所在城市的中考，录取按等级评定来进行。

其实还有两个月的时间，但是，一提“体育”两个字，小轩妈就忧心忡忡，小轩也是如此。母子俩心里都没底啊，谁知道贺小轩的体育能得多少分呢？

体育中考的成绩不可小觑，关系到能否拿到一个A。生地会考小轩的成绩还不错，平均97分。但班主任说，按照去年的成绩推测，今年的体育和生地综合总成绩至少得135分左右。这就意味着，60分的体育成绩，至少得拿38分，才能确保A。

班主任开家长会时一再强调，一定要确保体育生地这个A。说这是最容易拿下的一个A，一定要稳拿。对于体育好的孩子来说，随随便便都能拿个四五十分。可是，小轩要拿到将近40分，显然有困难。

因为体育一直是贺小轩的弱项。他从小体弱多病，身体单薄，脸色苍白，典型的“豆芽菜”。为了让他的身体能够健壮一点儿，他妈妈也曾煞费苦心，小学时让他练过两年乒乓球，逼他学过羽毛球，但他都没有坚持下来。贺小轩好静不好动，他从小学琴学画，爱好广泛，算是多才多艺，可偏偏不喜欢体育锻炼。

雪上加霜的是，初二那一年，小轩还做了两次小手术。医生说术后不能剧烈运动，所以在整整一年的时间里，他连课间操和体育课都请了病假。可以想见，接下来的体育中考对他来说面临的困难有多大。

体育中考必选三个项目。引体向上是男生必考项目。

贺小轩的爸爸一向沉稳而冷静，不像他妈妈那样只会焦虑和念叨。他的名言是“行胜于言”。他特地从网上买了单杠，钉在客厅的过道间，让小轩每天一回家就抓紧时间练习。可是，小轩那双细长的胳膊根本没力气将他高瘦的身体支撑起来，他连一个引体向上都做不了。小轩妈在边上看着他做引体向上时，心里更是急得像热锅上的蚂蚁，恨不能有魔法，立即赋予小轩神奇的力量，变得浑身是劲，让他噌噌噌一口气可以做十几个引体向上。

“老妈，你到网上查查资料，看有没有短时间提高的捷径。”看来不能硬来，小轩想智取。

小轩妈赶紧到网上搜资料，虽然严格按照网上的方法去做，可是，效果并不显著，毕竟臂力不是短时间内便可大幅提升的。

“哎呀，真是急死我了。一个引体向上都做不上去，怎么能拿到A呢？”小轩妈眼中只有A，自然心急如焚。

“别着急，急也没用。儿子，这个难题，咱们来商量一下怎么办？”关键时候，爸爸决定从实际情况出发，制定可行性的对策。

“老爸老妈，我也练了一周多了，可还是一个引体向上都做不了，看来短时间内很难提高，不如干脆放弃。据说即使做不了一个引体向上，但只要头过了杠杆，也可得3分。我就只得这3分算了。不如在其他两个项目上下功夫。”思维缜密的贺小轩提出了自己的看法。

其他两个项目，一个是长跑——必考项，还有一个是自选项目。小轩知道自己体力不够，选了相对容易的排球。

“如果不练引体向上，我就可以把主要精力放在长跑和排球上。只要排球能得满分，长跑能跑出十几分的成绩来，加上3分引体向上，体育和生地加起来得A应该没问题。”贺小轩从小擅长总结和分析，分析起来自然头头是道。

从小，贺小轩便生长在一个宽松和民主的家庭中，爸爸妈妈总是尊重他的想法。听他分析得不无道理，爸爸妈妈便也同意他放弃引体向上这一项。

接下来，贺小轩的主要任务是练长跑和排球。

贺小轩为自己制订了详细的锻炼计划。每天早上跑1500米，每天比前一天加快一点儿速度；每天中午和晚上各练半个小时的排球，争取向满分的个数靠拢。

当然，作为他强大的“后援部队”，爸爸妈妈也加入了陪练的行列。爸爸陪他长跑，妈妈陪他练排球。

随着小轩跑步的速度越来越快，排球一次垫的个数越来越多，小轩妈提着的心也终于慢慢放下来，焦虑也慢慢消失了。

体育中考那天，虽然小轩还有点儿担心和紧张，但已经胸有成竹。长跑时，小轩妈一直站在操场的栏杆外观看，拼命地为小轩呐喊加油。

最终的结果自然皆大欢喜。小轩如愿以偿地拿到了体育和生地会考的A。在自己做出的决定和选择中，他获得了成就感，感觉自己真的长大了。

父母没有逼迫小轩去练高难度的引体向上，而是从实际出发，按照他的分析，一家人商量并制订了清晰、简单、有效的可行性计划，成功地化解了他体育中考的危机和困境。

其实，孩子经历的每一次成长的危机，也是亲子交流的最好时机。

养育小贴士

和孩子一起商量解决问题，意味着给孩子成长的空间，让他学会做出选择，学会担当。

这是培养孩子自我同一性的重要内容，让他明白他是谁。

04

经常“示弱”的父母培养自信、有主见的孩子

如果问父母一个问题：想不想培养出自信又有主见的孩子？

我想，所有的父母都会毫不犹豫地回答：“想！”

是啊，谁不希望自己的孩子自信、乐观又有主见，像灿烂的向日葵向着阳光活泼地生长！

可是，怎样才能培养出自信又有主见的孩子呢？生活中，父母时不时地给孩子“示弱”，让孩子当自己的老师，多听听孩子的话，倒不失为一条捷径。

9月10日，一年一度的教师节。

悦兮妈下班后，照例去接悦兮放学。

一见到妈妈，悦兮便像一只欢快的小燕子，感觉轻盈快乐。才上五年级，悦兮的个子马上就要追上妈妈了。悦兮挽着妈妈的胳膊，有说有笑。如果忽略掉她背上的大书包，从背后乍一看，别人也许会误以为她们是亲密的姐妹俩呢。

“妈妈，今天是教师节，知不知道？”悦兮摇了摇妈妈的胳膊问道。

“是啊，我知道。今天你对老师说‘节日快乐’了吗？”悦兮妈微笑道。

“说了呀，我们全班同学，给每一个任课老师都说了‘教师节快乐’。有的同学还给老师送了贺卡。苗苗还给班主任肖老师送了一块巧克力呢！”悦兮

告诉妈妈。

“哦哦，每个人表示心意的方式不一样，但是给老师送上祝福就可以了。”悦兮妈认真地说。

“妈妈，我是不是你的老师？我可是教了你好多东西！”悦兮突然话锋一转，调皮地问妈妈。

“是的，你确实教了妈妈不少东西。”悦兮妈用力地点了点头。

“妈妈，你必须尊师爱幼。给我买巧克力吃吧！”说话间，悦兮把妈妈带到了她常去的商店门口。

“哈哈，悦兮老师，原来你绕了这么一大圈，就是为了让我给你买巧克力呀！”悦兮妈大笑起来。

悦兮得到妈妈的许可，已经飞一般地冲进了商店。

悦兮和妈妈的关系，真的亲如姐妹。悦兮时不时给妈妈“挖坑”，时不时出些难题，让妈妈做脑筋急转弯。学数学应用题时，妈妈也被她随心所欲地赋予了各种各样的角色，妈妈总是一点儿也不生气，看着她开心，她就跟着微笑。

悦兮妈性格温柔似水，心地善良，典型的“邻家姐姐”模样。妈妈在家里一点儿都不强势，从来不会指手画脚地命令家里人。由于悦兮妈从小被妈妈管得太多，总觉得自己有点儿压抑和内敛。所以，自己当了妈妈后，她有意识地给悦兮尽可能多的自由。从小，只要是悦兮的事，她都尽可能让她自己做主，让她说了算。“我对女儿坚定地执行无条件养育，无条件地爱她。当然，我附加了一个原则：在不违背原则的情况下，无条件给予。”这是悦兮妈的教育理念。

上小学了，家庭作业自然是学习的重点。有时候，做家庭作业时，对于刚学会的新字词或计算，悦兮妈会要求悦兮写或算三至五遍。悦兮总是说：“妈妈，不用抄那么多遍算那么遍，一遍就可以了。”“真的一遍就可以吗？”悦兮妈不太确定地问。“妈妈，你到底相不相信我，你就是不相信我对吗？”悦兮妈说：“我相信你！”“那你让我这样做嘛！”悦兮坚定地回答，于是妈妈向她妥协说："好吧，就一遍，我姑且相信你。"当然，等到学校进行测试后，悦兮会拿出一张试卷给妈妈看："妈妈，看吧，我一道题目都没错，是满分呢！"悦兮脸上洋溢着自信的笑容。

有一个周末，悦兮郑重其事地向妈妈宣布了自己的重大决定："妈妈，我要在购书的网站上注册一个账号，自己挑选图书。""好吧，妈妈同意你的意见。"悦兮妈回答道。从此以后，她自己选书，自己拿快递。悦兮妈虽然对她买回的有些书并不太认可，但还是保留了意见。孩子喜欢阅读并从中享受到阅读的乐趣就好，能自己做选择就值得肯定。

作为地道的"小吃货"，有时，悦兮会对妈妈提出要求："妈妈，我想吃黄桃味的酸奶；妈妈，我现在想吃一碗热乎乎的牛肉米粉。"只要时间不是很晚，在不影响悦兮健康的前提下，妈妈都会去满足"小吃货"的愿望。

总之，只要不是原则性的大问题，悦兮妈在悦兮面前都会选择理解和认同，让她不受约束。在经常"示弱"的妈妈面前，悦兮获得了信任和自由，收获了自信和乐观。她自由自在，无拘无束地成长着，如今的悦兮，正如她妈妈所希望的那样，她拿到了"三好学生"的奖状；她参加了健美操大赛，在舞台上绽放运动的风采；她画的巨幅山水画，挂在客厅醒目的位置；她走上主席台当主持人，面向好几百名观众，虽然是第一次，却表现得落落大方，自信阳光，像模像样。

强势的妈妈培养出的孩子大多缺乏主见或决断能力；而"示弱"的妈妈会给孩子更多的自由和自主的机会，让孩子在一次次成功的体验中，产生出自信，萌生出强烈的自尊，所以，他们往往自信又乐观，果断又有主见。

养育小贴士

日本的原田玲仁在《性格心理学》中这样解释自信：

自信，是肯定、相信自己，并给予自己正面评价的能力。心理学中认为，自信和自尊有着非常密切的联系。

一个人是否有自信，是由他的经历决定的。而为人的自信提供支持的，正是以往与成功有关的体验。

05

你是否总在不知不觉对孩子使用语言暴力

当孩子越长越大，特别是进入青春期后，很多父母会觉得诧异无比，以前那么乖、那么温顺、那么听话的孩子怎么就像变了一个人似的？他们开始变得一点儿都不听话，不配合，甚至抬杠、唱反调也是家常便饭。你刚一开口，他就嫌你啰唆。有一天，毫无预兆地，他就扯着嗓子，脸红脖子粗，跟你对着吼。你想和他好好说话，他偏不。为什么会这样？

也许，因为从他出生以来，每一天每一月每一年，你们早在无意中，用自己的语言暴力和冷漠，在你们和孩子之间筑起了一堵无形的厚厚的墙。

它好比铜墙铁壁，又如千年的坚冰。它如此坚不可摧，势不可当。它简直就像一个世界级的难题，像不可破解的世界之谜。

面对这样一堵世界上最难推倒和打通的墙，很多父母都走入了教养绝境和沟通困境。

没有回应，没有心与心的链接，根本无法沟通。你不知道在那堵厚墙背后，孩子的真实想法是什么。

亲子关系要如何重建，才能让彼此感到长久的快乐和幸福？

早上8点左右，在一所小学门口，人头攒动。背着书包的孩子们，说着笑着，蹦跳着走进校门。

“你能不能快一点儿，你是蜗牛变的吗？走得这么慢，你怕把蚂蚁踩死吗？马上要打上课铃了，你又要迟到吗？这个磨蹭精、讨厌鬼，烦死人了！”

一串怒吼突然爆出，瞬间打破了清晨的美好。一个年轻的妈妈，正对着一个跟在其后的卷发小男孩发飙。她衣着入时，脚蹬高跟鞋、脸上化着精致的妆容，但这会儿那张漂亮的脸因为生气被扭曲了。

看得出，这个妈妈很着急，生怕孩子迟到。但显然，她用尽洪荒之力的吼叫，并没有产生预期的效果——她的儿子还是照样磨磨蹭蹭，一步一挪。或许是他已习惯了妈妈的怒吼，在恨铁不成钢的斥责中，他的脚步既不见加快，表情也没有任何变化。

“这个家伙，真是气死我了。每天早上都这么磨蹭！”卷发男孩终于踏着学校的铃声走进了校门，年轻的妈妈长吁了一口气，渐渐地走远了。

我们虽然可以理解这个年轻妈妈的焦虑，但不知她有没有意识到，“磨蹭精”“讨厌鬼”“蜗牛变的”——这一串她脱口而出的词语，对自己的孩子已造成了她想象不到的伤害。虽然孩子表面上好像没有反应，但这样的词语，就像一颗颗充满负能量的种子，已经种在了他的心里。妈妈愤怒的责骂，给他贴上了一个个负面的标签，如果这个孩子长期处在妈妈的责骂中，也许他真的会变成一个“磨蹭精”“讨厌鬼”。

“你这个蠢得要死的家伙！”

“你真是个笨蛋！”

“磨蹭精！”

“害人精！”

“你怎么这样呆滞！”

“你脑袋里进水了！”

“蠢里蠢气！”

“熊孩子！”

“捣蛋鬼！”

“讨厌得要死的家伙！”

“真烦人！”

“你是个小聋子吗？”

“自私自利的小浑蛋！”

“你这么讨厌，我不想要你了！”

“从没见过你这么讨厌的孩子！”

“没出息的家伙！”

……

对照一下，当你被家里的“熊孩子”惹恼时，你有没有对孩子说过以上这些话？

当孩子的行为没达到你的预期，你是不是口不择言，气急败坏地对孩子大吼大叫？这些语言是不是总是很自然、很顺溜地从你的嘴里脱口而出？

如果真的是这样，那么说明你已经在不知不觉中对孩子使用了语言暴力。

暴力语言和侮辱性语言，对于孩子的伤害，远远超出许多父母的想象。当你居高临下地对着孩子指手画脚，脱口而出地谩骂他的时候，这些语言像一支支箭，射向孩子的内心；像一块块冰冷的砖，在你和孩子之间筑起了一道铜墙铁壁。

孩子的年龄越小，自我认识和自我评价的水平越低。他们常常根据成人，特别是具有权威地位的老师或父母的评价来进行自我评价，认识自己。所以，父母生气时并不冷静和客观的评价虽有失偏颇，他们却信以为真，并因此产生严重的自卑感，不知不觉中往父母嘴里的“讨厌鬼”方向发展，长此以往，就可能变成真正的“讨厌鬼”。

每个孩子在成长过程中，必定会出现这样那样的问题，及时帮助孩子发现问题，解决问题，是父母的必修课。无数孩子的成长经历告诉我们，每一个谩骂、蔑视、嘲笑等歧视性的词言，一旦从我们的嘴里脱口而出，就可能让孩子受到难以想象的心灵伤害。唯有恰当的关注、鼓励和帮助，才会在孩子心中播下关爱、尊重和自强自立的种子，所以，不管任何时刻，哪怕被孩子气得难以自控，也一定要注意自己的用语！

“良言一句三冬暖，恶语伤人六月寒。”真正地爱孩子，就要有意识地远离语言暴力，让孩子沐浴着关爱和尊重的阳光，健康快乐地成长。

养育小贴士

美国的苏珊·福沃德和克雷格·巴克在《中毒的父母》中指出：“如果父母在孩子的心中播下恐惧、责任和负罪感的种子，成年以后这些种子会发育成无形的杂草，以一种你想象不到的方式侵袭你的生活。它们的根须可能已经伤及了你同他人的关系、你的事业或你的家庭，它们肯定已经对你的自信心和自尊心造成了伤害。”

06

同频才能共振——缓冲胜过直接的“炮轰”

和孩子交流时，让父母头痛的，莫过于我们苦口婆心，用心良苦，孩子却把我们的话当作耳边风，根本没听进去。

怎么才能让孩子把我们的话听进去？换句话说，怎样才能和孩子进行有效的沟通呢？

一天晚上下楼散步的时候，恰巧碰到隔壁家的安安妈。

她一改平时眉开眼笑的模样，今天她的表情有点儿生硬和不自然。

“唉，我要被我家那个兔崽子气死了。随便你和他说什么，说几遍，他都充耳不闻。你说说吧，一放暑假，他不是整天在外面疯玩儿，就是待在家里玩游戏、看动画片。放假快一个月了，暑假作业根本没动。假期嘛，我并不反对他玩儿，但是好歹也得做个计划，每天多多少少得做一点儿作业吧？我天天跟他讲，他根本就听不进去……”安安妈显然余怒未消，气鼓鼓地向我吐槽。

安安7岁，是一个极其活泼好动的男孩，在学校里也是出了名的淘气包。只要一有空，他就在花园里爬树、追小猫、赶小狗，在操场和小朋友做游戏，蹦来跳去，一刻也安静不下来。可以想象，一到暑假，这个贪玩儿的淘气包自然是如鱼得水，哪里会如他妈妈所愿，规规矩矩地待在家里做作业？

“或许你选择的时机不太合适，你和他说这些的时候，是不是他想听并且能听得进去的时候呢？”——我尽量斟词酌句，不做评价，只是善意地提醒她。

“时机？这个，嗯，我想想。说起来，我每次控制不住骂他，噼里啪啦向他开火的时候，都是每次看到他那么投入地玩游戏、看动画片的时候，说不听喊不应，自然就要骂他几句喽。”安安妈向我坦白。

“难怪他听不进你的话。设身处地想一想，如果你在看自己喜欢的电视剧，别人跟你说话，你会喜欢吗？你可能听得进去吗？恐怕也会感到厌烦，也会心不在焉，这个耳朵进那个耳朵出吧。以后，你最好在安安没玩游戏、没看动画片的时候，正儿八经地跟他说一说。或许他就能听进你的话了。”我笑着给了安安妈一个小小的建议。

其实，我完全能够理解安安妈，因为我以前也不止一次地犯过同样的错误。而且，我也相信，有很多妈妈正在犯或者将要犯同样的错误。

如何让孩子听进你的话？其实是一个关于亲子之间如何进行有效沟通的话题。

特别是遇到比较棘手的情形时，怎么办？孩子正在做他喜欢做的事情，而你却不管三七二十一叫停，而且让他立马按照你的想法去做作业，去学习，这样的危机时刻，怎样处理亲子之间的矛盾，才能避免冲突？

就拿安安妈和安安沟通的事例来说，一个7岁的男孩，他的注意力集中的时间和能力是有限的，注意力的指向是有选择性的。当他在看自己喜欢的动画片或玩自己爱玩的游戏时，他的所有注意力都集中到了动画片和游戏上，他哪里会分神有术？他哪里会选择性地倾听你说的话，听得进你的指责和唠叨？

与其无效地“炮轰”，建议大家不妨尝试一下缓冲策略。

所谓的缓冲策略，其实就是充分考虑孩子当时的感受，给孩子一个缓冲的时间，让孩子进行一个短暂的心理调适，从他当前非常投入的状态中走出来，能平静地接受你的指令，平稳地开始接下来的行动。

大家都知道，当我们打开电脑和关闭电脑时，电脑总是需要几分钟的缓冲时间，才能正常运行或关闭。孩子的大脑当然不是电脑，不是按照固定的程序来运行的，也不可能完全按照你的指令来行动。想一想，开关电脑时，你都可以心平气和地等待它的缓冲，对自己的孩子，更应该多一些耐心。

所以，如果遇到安安正玩游戏的情形，可以对孩子说："你这一盘游戏还需要几分钟才能结束？我知道你现在非常想把这一盘游戏打完，所以，等打完这一盘我们就不玩儿了，好不好？"如果从孩子当时的感受出发，并以商量的口吻和孩子说话，还给孩子一个缓冲的时间，相信所有的孩子都会接受这样的建议。更重要的是，他觉得妈妈这样能理解他，不指责他，他更会开开心心地去学习。

如果遇到安安正在看动画片，哪怕再着急，安安妈也要控制住自己不要唠叨，而是不妨先看看看完那一集动画片还需要多少时间。如果只差三五分钟，不妨等一等，但要告诉孩子："妈妈在等你吃饭，看完动画片，马上关掉电视。"如果需要的时间还比较长，要一二十分钟，不妨跟孩子商量："我们先来个暂停，等吃完饭之后再让你看，好不好？"当然，如果是直播的动画片，最好提前计划好吃饭的时间，因为直播的时间是固定的，完全可以避免这样的冲突。

总之，处理日常生活中的小冲突时，父母不妨多从孩子的角度出发，从尊重孩子的心理和感受出发，多运用缓冲策略，它确实远远胜过直接、粗暴的"炮轰"，能有效地避免亲子冲突，还能让孩子真正地听进父母的话，进行有效的沟通，并有利于构建和谐、亲密的亲子关系。

养育小贴士

当孩子处于一种兴奋或强烈的情境或情感之中时，他们往往听不进任何人的话。在当时的情境中，他们唯一希望的是我们能够理解那一刻他们的情绪和心情，他们最感兴趣、最在乎的是什么，并支持他们当下的行动。

07

良好的亲子关系胜过一切说教

生活中，有的父母觉得自己是天底下最不幸的人，他们会怨气冲天地数落自家的孩子，不听话，说什么都听不进去；给他讲了好多遍道理都无动于衷，左耳朵进右耳朵出……他们在痛心疾首地指责孩子的时候，常常忘记了一件事——反思自己跟孩子的关系到底怎么样。

良好的亲子关系大于一切说教。如果父母和孩子的关系健康、良好，那么，孩子会喜欢和父母交流、沟通，有什么烦恼愿意跟父母诉说，有什么问题会寻求父母的支持。

"我家彭词啊，已经无可救药了。一眨眼就不见了人影，昨天一晚上没回家。我打他手机，手机关机，最近的几家网吧我也找过了，没见到人。我真后悔昨天就不该心软，给了他100元钱。他不把那100元钱花完，估计是不会露面了。哎呀，我的心都为他操碎了。他再这样继续下去，我真的管不了他了，我得把他送到特训学校去。"一大清早，彭词的妈妈一碰到其他家长，就气急败坏地控诉儿子。

"你先别急，说不定等会儿他就回来了。他总会玩儿累，总要回来吃饭、睡觉的。即使要送他去特训学校，也得先征求他的意见。"看到彭词妈情绪激动，这个家长只好稍微安慰了她几句。

彭词确实是个不省心的孩子。已经17岁了，按照正常的情况，他本来该上高三了。可是，他却还在读高一。上初一时，他天天考班上倒数第一名，便在老师的劝说下留了一级。左思右想，百般无奈之下，彭词的爸爸把他转学到老家一所寄宿制学校上学，希望换了新环境，他也许会改变自己，重新开始。哪晓得离开了爸爸妈妈，他不但在学习上没有任何起色，行为上反而变本加厉，半夜就在寝室里和同学玩牌，又被新学校勒令退学。这样一来，他成了哪个学校都不要的差生，只好在家里待了一年。一年之后复学，学习还是跟不上。勉强考了个职高，又迷上了网游，成了一个地道的网瘾少年。

那天早上，彭词一脸憔悴地回家了。刚一进门，就听妈妈说要送他去特训学校，立马暴跳如雷："你想把我送到那种地方去？休想！你哪一天送我去，我就哪一天回来。哪怕半夜三更我翻墙都会回来。我说到做到。"直把他妈妈气得痛哭流涕。

"为了你，我千辛万苦到广东打工；为了你，我把工作都辞了回来，全心全意地照顾你；为了你，我们特地租房子陪读。你怎么这么不听话，这么没出息啊。我怎么就养了你这样一个儿子……"彭词妈边哭边抱怨。

"你现在知道哭了，我哭的时候你在哪里？谁叫你去赚钱，谁叫你去广东打工，谁稀罕你买那么多东西给我。2岁不到就把我丢到乡下爷爷奶奶家，我还怀疑你是不是我亲妈呢！"妈妈一提打工的事，彭词却像被刺中了要害一样，歇斯底里地叫起来。是的，在童年的记忆里，彭词的印象里就没有妈妈。妈妈会在过春节的时候回来，就像家里的客人。她每次回来，会给彭词买许多礼物，新衣服新鞋子，五颜六色的糖果，各种各样的玩具。然后，过不了一周，妈妈又像风一样地走了，彭词每次都觉得有点儿像做梦一样。上小学了，他还是和爷爷奶奶一起生活。爷爷奶奶身体不好，他就一个人走路去上学。看到别的同学都有爸爸妈妈接送，看到他们和爸爸妈妈有说有笑的样子，彭词心底里羡慕不已，他多么希望妈妈也像他们一样，能天天和自己在一起，能和自己有说有笑。虽然妈妈时不时会打电话回来，但彭词跟妈妈根本就没话说，他觉得妈妈总是那么遥远，那么陌生。

直到上初中，妈妈终于回来了，特地在学校边上租了房子陪他上学。可是，彭词还是没法和妈妈亲近起来，他没法到妈妈面前撒娇或发脾气，只是客客气气的，像客人一样。

妈妈回来后，一直没找到自己理想的工作，变成了全职妈妈。她便把所有的希望寄托在彭词身上，动不动就说："要不是为了你，我就不会回来。为了你，我付出了太多。你一定要好好学习，才对得住妈妈呀。"可是，妈妈越这样说，彭词觉得越反感，不但没像妈妈期望的那样好好学习，成绩反而一落千丈，第一次期中考试就考了班上倒数第一。他永远都记得那天回去的情形，妈妈早在家长群里知道了考试成绩，他一进门，妈妈就哇哇大哭，好像世界末日要到了一样。她不停地数落彭词："你竟然考了个倒数第一？我都没脸出去见人了！你怎么这么不上进，你怎么就不能好好学习呢？你怎么就听不进我的话……"妈妈的指责和数落排山倒海一般向他倾泻过来，彭词的心里竟然有一种幸灾乐祸的感觉、一种报复的快感，好像这件事与他无关，又好像找到了对付妈妈的利器。后来，他变得越来越不听话，越来越没出息——这不正是妈妈说的那样吗？

彭词的妈妈永远也无法理解彭词的心路历程，因为彭词可能永远都不会对她敞开心扉，不会和她说自己的心里话。她可能永远也不会意识到，她在彭词童年时代的缺席，对孩子有多大的影响，对他们母子之间的关系有多大的伤害。她也可能永远都不明白，如果没有亲密、信赖的亲子关系，再多的说教都是白费，因为那些话语已经被孩子的心完全地屏蔽了。

我一直提倡"陪育"的理念，自己也是一个地道的陪育者。从孩子出生起，在尽可能多的闲暇时光里，慢慢地陪着他长大。所以，儿子对我总是无话不说，良好的亲子关系，让我们的交流一直畅通无阻，儿子也健康快乐地成长着。

因此，我也希望所有的父母都能做一个用心的陪育者。

陪伴是最理想的教育，可以润物无声、春风化雨，父母可以将自己的爱和教育理念不动声色地，化作点点滴滴、丝丝缕缕，融入孩子的日常生活中，或是一次出游，一次游戏，一举一动，一饭一粥中。

有了良好的亲子关系，才会有正常交流的基础，才会培养出“听话”的孩子。陪育孩子，不但亲子关系良好，父母的幸福指数也很高。

养育小贴士

要想培养出省心的孩子，父母就要从孩子出生之日起，花一些心思和精力，有意识地建立起和谐的亲子关系。只有具备了良好的亲子关系，孩子才会和父母保持良好的交流，才会从心里接受父母的观点，认同父母的看法，才可能付诸行动。

08

从小开始沟通，青春不叛逆

我在微信上看到艾小羊的《很多父母，就是输在三观太正上》，其中有一句话：“真正成功的家庭教育，是孩子即使到了青春期，还愿意跟父母好好说话。”

确实，有多少孩子，一到青春期就变得无比叛逆，他们的嘴就像贴上了密封条，很少与父母沟通、交流了。

有些家庭里，随着孩子年龄越来越大，父母和他们的交流便变得越来越困难。到了青春期，还能和父母好好说话的孩子，便已非常难得。至于希望孩子对父母无话不说，似乎成了大多数父母美好的憧憬。

其实，“冰冻三尺，非一日之寒”。要想孩子到了青春期还能和父母无话不说，保持良好的亲子沟通，一定要从孩子出生时开始，就有意识地和他进行交流和沟通，让亲子沟通成为一种日常的习惯，就像我们生活中不可或缺的阳光、空气和水。不要等到亲子沟通出现了问题和障碍，才“临时抱佛脚”来问怎么办，好像一切都是青春期惹的祸。幻想孩子一夜之间突然和你成为好朋友，和你无话不说，简直是天方夜谭。

宋家齐的妈妈认为自己属于幸运的人，因为宋家齐都上高中了，身上却看不到一点儿青春期的叛逆。有时候，母子俩还有说有笑，一起散步呢。据说，宋家齐和妈妈无话不说。这令许多妈妈感到羡慕，纷纷向她打探个中奥秘。

“我的胎教之一就是和他说话，从我怀孕开始，每天晚上都会抚摩着肚皮，跟他聊一会儿天。等他出生之后，只要他醒着，我就会跟他说话，养成了日常交流的习惯。”宋家齐的妈妈把她的经验总结如下：

1.每天设定一个固定的交流时间段

很多上班族父母，早出晚归，忙忙碌碌，似乎没有时间和孩子交流。不妨根据各自的实际情况，设定一个固定的亲子交流时间段。这样会让亲子交流有一种仪式感，更会让孩子觉得爸爸妈妈很重视自己，很在意陪伴自己。

时间一久，有了固定的交流时间，父母和孩子之间就会形成一种良好的交流习惯，会营造出一种温馨和谐的家庭氛围。

宋家齐上幼儿园和小学时，每天晚上，妈妈和他都有一个专属的共处时间，被称为“温馨睡前时间”。他上幼儿园时，妈妈每天晚上给他讲故事，有时听他随口编故事，大概花半个小时。宋家齐上小学后，他们的温馨时间缩短为10分钟。只要听到他的呼唤，妈妈就会放下手头所有的事情，来到他身边，和他一起享受温馨的睡前时光。有时给他读故事，有时就是随意地和他聊聊天：“你今天开心吗？”“学校里发生了什么有趣的事吗？”“数学老师今天又讲了什么内容呀？”“你今天又画了什么画、做了什么手工呀？”……

至于已经进入青春期的孩子，就要见缝插针，他有时间就跟他聊几句，谨记少唠叨，少说多做。

2.巧妙利用零碎的时间

在忙碌的日常生活中，建议妈妈们学会利用一切零碎时间和孩子聊天，抓住一切可以交流的时机来了解孩子的内心动态。宋家齐的妈妈认为，自然而然的交流是亲子交流的最高境界。

除非孩子犯了什么原则性的错误，或你觉得有必要和孩子谈论某个严肃的问题时，平时只需不动声色地用心抓住一切可以交流的机会即可。如在接送孩子上学放学的路上，在孩子整理书包、刷牙洗脸的时候，带孩子去看电影等候入场的时候，和孩子一起外出旅行的路上等，都可以随意又自然地和孩子聊聊天，了解孩子的各种动态。

至于青春期的孩子，特别是进入初中或高中，学习时间的安排很紧凑，不妨抓住吃饭的时间，轻轻松松地聊一会儿。切记不要只聊唯一的话题——学习。

当亲子交流成为一种日常习惯，孩子和父母的交流便成了他自然而然的需要。不用父母刻意地找孩子交流，孩子自然会主动地和父母聊天，向父母倾诉，并把父母当作可信赖的朋友。

3.养成良好的聆听习惯

学会倾听是父母的必修课，爸爸妈妈要学会“听”孩子的话。

其中，特别重要的是让孩子把话讲完——这一点说起来容易，做起来却有点儿难。

宋家齐的妈妈说自己就不止一次犯过这样的错误。有好几次，一看到宋家齐坐在电脑前或拿着手机，她就火冒三丈，不分青红皂白对孩子一顿怒吼，根本不给孩子说话或辩解的机会。实际上，她后来才了解到，孩子并不是在玩电脑游戏，而是在查找学习资料。

有的父母往往会根据自己的主观臆测，先入为主想当然地做判断；有的则根本没耐心倾听孩子，喜欢打断孩子的话；有的则只顾发表自己的看法和意见，粗暴地插入自己的评价等，这些都不利于形成良好的沟通氛围，因此，父母应养成认真聆听的好习惯，从孩子的角度出发，聆听他内心真实的想法，最终达到亲子无障碍沟通的目的。

4.接纳孩子的感受和情绪

设身处地，感同身受，和孩子交流时，一定要从孩子的感受出发，接纳孩子的情绪。

特别是青春期的孩子，情绪本来就不太稳定，容易变化无常，父母要注意观察孩子的情绪状态，在孩子情绪好的时候和他聊天，除非他主动找你倾诉。

对于青春期的孩子来说，他们之所以表现得很叛逆，是因为他们特别在意自己的感受——这和他们正在形成的自尊紧密相连。如果父母在和他们交流时，只考虑自己的感受，而不顾孩子的感受，就特别容易引起冲突。

有一次，宋家齐月考考砸了，他自己本来很难过，但是他告诉妈妈成绩后，妈妈根本没考虑他的感受，只顾发泄自己的不满，对他横加指责。最终导致母子俩发生了一次激烈的冲突。事后，他们冷静下来，宋家齐说他愤怒是因为妈妈根本没有考虑他的感受，只顾自己泄愤。妈妈想了想，这次确实如此，便向他道了歉。从那以后，妈妈跟他交流的时候，首先会考虑他的感受，这样交流起来就顺畅多了。

生活中，父母要想和孩子保持积极的沟通，就要见缝插针地主动创设良好的沟通氛围，用正确的沟通技巧和诚意去与孩子沟通，达到理想的沟通效果。

养育小贴士

和孩子对话是一门有规则的独特艺术，有它自己的含义。孩子在交谈时很少是无知的，他们的信息里经常有需要解读的密码。

（《孩子，把你的手给我》第1页，〔美〕海姆·G.吉诺特著，张雪兰译，京华出版社，2010年版）

CHAPTER 08

成长，多一点儿淡定

在养育孩子时，多一些淡定，少一些焦虑。因为养育的本质，最终要回到生命本身，回到爱和幸福。成绩、奖项等不是衡量成功的唯一标准，孩子的人品、个性和情商等更为重要。让孩子成为一个有能力爱自己也爱他人的人，有能力感受幸福并创造幸福的人，才是养育的终极目标。

01

成绩，高低起伏太正常

成绩和分数，一直以来被当作应试教育的象征，所以，经常遭到口诛笔伐，特别是提倡素质教育的人，往往将成绩和分数当作批评的靶子，对过分看重它们的父母、老师加以批判。

客观地说，成绩和分数本身只是一个衡量标准，是不带任何感情色彩的客观存在。它们究竟意味着什么，取决于人赋予它们什么样的价值和含义，赋予它们什么样的主观色彩。

几年前，我加入了一个育儿群。有一次，看到群里一个妈妈在为孩子的成绩着急，为孩子变得叛逆而头痛。她在发出的信息中用了一个“求救”的字眼儿，看到她如此火急火燎地寻求帮助，我便主动加了她，和她聊起来。

我：孩子多大了？成绩下滑的原因你知道吗？变得叛逆了，是不是与你和他交流的语气和方式有关呢？首先，孩子成绩有起伏，也属正常，不要太着急。其次，要想办法弄清成绩下滑的原因。成绩下滑应该只是表面现象，要透过现象看实质。

妈妈：首先感谢您的回复。孩子10岁了。成绩（数学）下滑的原因可能有几点：一是前段时间语文期中考试没复习意外考了个第一，他有点儿飘飘然了；二是有的知识点没有弄懂；三是粗心。昨晚看了他拿回来的试卷和更正的错题，也跟他聊了很久，他也认识到自己的一些问题，但要他把这个教训记到骨子里可能只是一种奢望，看来我要更多地关注他一些。

我：哦，才10岁的孩子，慢慢来吧。小学阶段，学习习惯的培养很重要。粗心的具体表现是题目没看清，还是小数点看错，或单位没写？每次作业和考试都要订正错题，可以专门买一个错题本。

妈妈：是的，他有时过于自信，又粗心过度，我昨天也要求他把所有的错题抄到错题本上。

我：不要一次成绩滑坡就让他把教训记到骨子里，从这句话里，我觉得你期望值有点儿高哦。恕我直言。

妈妈：是的，他还只是个孩子。只是因为类似问题不是第一次出现了，所以我有点儿无奈，有点儿急。

我：关键是采取有效措施。例如，平时养成逐字朗读的习惯。

妈妈：谢谢您的建议。

我：其实我也是一个急躁的妈妈，有时也会对儿子大喊大叫，他睡得晚一点儿就焦虑不已。后来，我找自己的原因，觉得是自己潜意识里期望值过高，一旦孩子没达到自己设定的目标，就会焦虑。所以，希望你也反省一下自己，然后再调整和孩子的交流方式。尽量调整好自己的心态，尽量保持淡定。孩子10岁，才开始进入叛逆期，一旦再大一点儿，上了初中，叛逆可能会更明显，所以，现在一定要打好亲子沟通的基础。

妈妈：我要多学习一些先进的理念和好的方法，让自己内心更充实、更平和，少一些焦虑，才能更好地教育儿子。

我：嗯，我也一样。

妈妈：非常感谢刘老师百忙之中回答我的困惑，谢谢您！我一定按照您说的方法去努力改进。

我：不客气，有什么问题可以多交流，希望我能帮到你。

妈妈：好的，谢谢！以后有机会再向您请教！

孩子一次考试失利父母就坐不住了，好像世界末日要来临了，好像孩子就无可救药了，搞得自己焦虑不安，生活中一些焦虑型的父母就是这样的。

其实，相对每一个学科领域来说，小学或中学阶段的课本所涵盖的知识是非常基础的，范围也很有限，至于一次小考，一张试卷所能呈现的课本知识、所能涵盖的内容，则更加有限。对于小学或中学阶段的孩子来说，周考或半月考、月考、期中考、期末考，考的知识点是有限的，所以，孩子相应的考试成绩只能说明在这一个阶段里，他对特定课本知识点的掌握情况，并不代表他整个的学习能力、思维能力，他的学习态度。即使偶尔粗心大意，这也是这个年龄阶段的孩子常犯的毛病，父母加以提醒和督促，并不影响他的正常发展。

而且，现在学校现行的课程标准是面向绝大部分的学生制定的，是普遍化、大众化的。所以，有的学生考得不好，可能只是说明这个孩子不太适合应试的学习方式，就拿上面故事中的那个孩子来说，10岁左右的孩子，他更喜欢饶有兴致地去探索自己感兴趣的问题、感兴趣的领域，却被作业给紧紧拴住了。也许这个孩子更适合探索性的学习，在考查记忆性的知识点时，他表现得不够出色。

考试只是大体上反映孩子在某个时间段里，对某些特定知识的掌握程度，父母大可不必过于担心。

一次考得好不好，对于孩子漫长的学习生涯来说，不是最要紧的。孩子考得好，自然皆大欢喜，但父母在高兴之余，不要被漂亮的分数冲昏了头脑，更需要冷静地分析一下，孩子是通过什么样的方式、方法获得高分的，是通过大量的机械练习、死记硬背，还是通过探究性学习、开拓性思维的培养和训练？如果是前者，即使得了100分，你也要注意加强孩子思维能力、创造力的培养，这样，他才能既取得耀眼的分数，潜能又能被挖掘出来，他才可能有更好的发展。

养育小贴士

从认知行为理论的观点来说，父母怎样看待分数，折射出他们的教育理念，也影响着孩子对于学习的认知和态度。

02

期望，量体裁衣不焦虑

自从跨入校门，孩子的学习便离不开大大小小的考试。如何看待考试，如何对待孩子的考试成绩，体现了父母的教育理念，也直接影响着孩子是否能健康快乐地成长。

“分分分，学生的命根”，有人这么夸张地形容考试和分数对于学生的重要性。客观地说，考试是科学而客观地评价学生某一阶段学习情况常用的手段和方法，它无疑也是孩子学习生涯中极其重要的内容。但一些父母过于看重分数，把它当作衡量孩子是否优秀的唯一标准。在他们的眼里，孩子的分数确实有着至高无上的地位，因为他们把对孩子的期望完全转移到了具体的数字上。他们认为分数不仅仅是客观的数字，而是承载了更多的意义和内涵，比如，高分意味着成功，意味着有出息；高分意味着孩子学习态度好、学习习惯佳、学习效率高；高分让父母有面子等。

抱着这种观念的父母，往往对孩子寄予厚望，又常常将这样的高期待转化成高分数，一旦孩子没有达到自己的期望值，他们就会焦虑不安，担心着急，甚至情绪失控，指责、谩骂，给孩子施加无形的压力。可以想象，那个考试失利的孩子难免会深受其害。

事实上，再佛系的父母，也不可能完全无视孩子的考试和分数。但是，我们要合理地设置自己的期望值，从孩子考试前的学习情况、情绪状态、身体状况以及竞争对手的情况等方面出发，综合考虑，再设定期望值。这样，不管考试的结果到底如何，父母本身会多一些淡定，少一些不必要的焦虑，孩子也可以少挨骂，少承受一些不应该承受的压力。

“我老妈呀，考试之前她会说‘我一点儿都不在乎成绩’。可是，考完之后，如果我考得不好，她就对我发脾气，还说什么我辛辛苦苦地每天回来给你做饭……”高二的新学期即将开学，我们一家结束了在云南一周的旅行。在昆明高铁站的候车厅里，儿子带着嘲讽的表情，向和我们同行的阿姨吐槽。

“我是辛苦啊，上班的地方离家那么远。”我勉为其难，避重就轻地为自己辩解。

是的，我一直标榜自己是个另类的妈妈，我不止一次以超然的态度对别的妈妈说：“我从不在乎儿子的成绩。”但事实上，在儿子考糟了之后，我也无法淡定，我也是看重考试成绩的。

可是，在儿子这次入学考试前，我却表现得出奇的淡定：昨天下午看到家长群里有人说成绩出来了，我竟然一笑而过，根本都没有去查分数的欲望。我发现自己根本不像上次期末考试时，像一只时时警觉地竖起耳朵的兔子，时时盯着家长群的信息，看有没有关于分数和排名表的最新信息。在查到各科分数之后，我还在手机的计算器里反复核算总分，算了一遍不放心，又算一遍。在看到儿子的物理拿到意外的低分时，我对他冷嘲热讽了一番。然而，在得知儿子最后的排名结果时，我又欣喜若狂——我丝毫都没掩饰自己的情绪巨变。

昨天晚上，还是加晚班回来的爸爸主动地在网上查了儿子的考试分数：总分496.5，可以说是上高中以来最差的一次。但是，就是在这样的分数面前，我依然心静如水，没有一点儿焦虑和失落。

回到家，我以平静的口吻告诉儿子分数出来了，结果，倒是刚刚还沉浸在电影当中，还为剧中情节逗得哈哈大笑的儿子，一听到这个消息，马上暂停，紧张地在我手机上查看起分数来。看到自己的分数，他稚气未脱的脸上写满了两个字——“失望”。然后，他一个劲儿地问：“排名表没出来吧。这次考试很难呢。真的很难。”

“没关系啦，考什么样都没关系，因为这次我没有期待。”看着他一本正经的模样，我倒是笑着反过来安慰儿子。

是的，我没有期待，确切地说是没有过高的期待。

事出有因。儿子在高一下学期期末考试结束的那天晚上，直接搬着简单的行李去了一个专业画室，接受为期一个月的封闭式美术集训。这种集训被家长们偷偷地称为“魔鬼式集训”。早上6点半起来跑步锻炼。8点至12点画画。下午2点半到6点画画。晚上7点至10点画画。

儿子根本没有时间写暑假作业。整天除了画画就是画画。而他的同班同学，在考试结束后的第二天，又接受了20天的数理化培训。

一个月的集训结束后，才休整了3天，我们又开始了为期一周的云南之旅。每天的时间自然也是安排得满满当当的。从金殿到官渡，从石林到九乡，从昆明到大理，从大理到丽江，从丽江到玉龙雪山……每一天的行程不是在景点就是在去景点的路上。每天在不停地行走，畅享蓝天白云，奇山异水，满目皆是美景。刚开始的时候，儿子会忙里偷闲地写写作业，比如在候车或等待吃饭的时间里写会儿作业。但随着日程安排越来越紧，后来的几天，他都没有时间写暑假作业了。

返校后有一周的自习时间，别的孩子也许在为入学考试做着积极的准备，而我儿子却还在忙着刷各科题目，补暑假作业。

就是在这样的状态下，儿子参加了高二的入学考试。

“入学考试肯定不会考得好，也许会落到班上的倒数几十名吧。这次情况特殊，考得再差也不怪他。”对于儿子的这次入学考试，我早就做了这样的心理准备。

正因为如此，面对儿子糟糕的考试成绩，我才能如此淡定和超然，没有一丝一毫的焦虑。

再回顾那些经常被儿子拿来反驳我的例子，无非是因为远远没有达到我的期望值，我便或河东狮吼，或痛心疾首，甚至歇斯底里，新账旧账跟他一起算。

父母在考试分数面前能否淡定，关键取决于对孩子的期望值。

假设一个孩子某一次考试在班上排第十二名。对于这样一个名次，他的父母很可能会有截然不同的反应：一种是可能会被焦虑担心的情绪所笼罩，会不停地给孩子施加压力；而另一种可能是充满信心，会不断地给孩子鼓励和加油。

为什么会这样呢？主要在于不同的期望值会引发不同的回应。

如果他的父母期望孩子能进到班上前十名，如果孩子到了第十二名或第十五名，他们就会失望，可能会怪孩子学习不努力，抱怨父母的心血白费了等。

如果他们只是期望孩子能进入班上前二十名，而实际上他却拿到了第十二名或第十五名，他们就会心满意足，会夸奖孩子，对孩子的信心大增，感觉孩子的未来一片光明。

所以，如果在孩子每次考试前，都能针对他的实际情况适当地设置好期望值，那么，考试之后，不管孩子的成绩如何，父母也自然不会出现情绪失控，也不会产生连锁性的负性反应。更重要的是，作为家长，当孩子考得好时，我们为他高兴，皆大欢喜；当孩子考得不好时，我们要帮他分析、总结经验教训，帮他进步。

做“可能派”的父母，别做“应该派”的父母，期待孩子成功，但也要允许孩子失败。从孩子的实际情况出发，为他设定相应的目标。本来基础中等的孩子，一下要求他名列前茅，这样的目标设定不合理、不科学，不利于孩子的成长。相反，设定一个大概的目标，比如一次考试前进5～10名，只要孩子能保持进步的状态就很好。这样，父母不会因为期望过高而焦虑，不会因为落空而失望，孩子也会更容易获得自信和成就感，更乐于学习，调动自己的积极性。

养育小贴士

只要我期望我的孩子有某种表现，我就紧张和焦虑，不能以他们原来的样子去看待他们，和他们在一起时也不能获得任何快乐。我变成了一个警察。但是当我放下自己的期望，我便与我的孩子接触得更深，我们都更开心了。

（《孩子是个哲学家》第34页，〔意〕皮耶罗·费鲁奇著，张晶译，上海社会科学出版社，2016年版）

03

孩子成长，请慎按“快进键”

静待花开，需要静心，更需要耐心和平常心。

有人把培养孩子比作种一棵树、栽一盆花，都说父母要静待花开，但是，现实生活中，与“不让孩子输在起跑线上”类似的观点大行其道，让一些父母常常处于焦虑状态；应试教育又让他们抱着急功近利的思想，急于求成，所以他们总是无法控制自己去干涉孩子的欲望和冲动，根本没有耐心等着孩子按照自然的规律慢慢地成长，他们总是时不时便按下“快进键”，缩略孩子的童年，使他们本该无忧无虑、自由自在玩耍的童年时光，匆匆地结束。

不管是学习文化课，还是培训艺术特长，他们都急吼吼地希望孩子一口吃成胖子，希望短时间内看到实效，或尽快过了某个级别的考试，于是，超前给孩子报各种学习班或特长培训班。殊不知，他们犯了揠苗助长的错误，却沾沾自喜。

有些父母更不满足于这些常规动作，还采取一些非常规的措施——让孩子跨越平常的学业阶段，甚至跳级。

几年前，我住在大学校园里。

邻居家有个小女孩，叫黄山妍，6岁。小小的瓜子脸，一双黑亮的圆眼睛，古灵精怪。个子娇小玲珑，身轻如燕。有一个周末，看到她一个人坐在楼下花园的秋千架上，边荡秋千边自得其乐地唱歌，那无忧无虑的样子很萌。

我饶有兴致地问她："妍妍，你在唱什么歌呀？"

"我在唱自己编的歌——荡秋千啊荡秋千，荡出一个又一个故事。"

"哇，真不错！还会自己编故事。"

"阿姨，我马上要上一年级了。我最喜欢编故事啦。因为妈妈每天晚上都会给我读故事。所以，我也经常自己编故事、编歌曲呀。"

"祝贺你成为一年级的小学生。上小学可好玩儿了。妍妍现在就会自己编歌，要是以后上了小学，认得更多的字，读更多的故事，就会编更多的故事和歌曲呀！"我笑着对她说。

"我现在已经认得好多字了，不用妈妈教，我自己也能读故事了。不过，妈妈说上小学之后就没时间玩儿了，每天要做作业。"妍妍有点儿担心地说。

"没关系，只要你抓紧时间把作业快快做完，一样有时间玩儿，一样有时间荡秋千。"我赶紧安慰她。

妍妍的妈妈是大学老师，对她的培养很是用心，早就听说妍妍简直像个小神童，已经能认好几百字，还能独立看书了。

后来，有很长一段时间没看到妍妍，我心里觉得有点儿奇怪，心想，这个小学一年级的孩子，课业负担未必这么重，怎么连玩儿的时间都没有了？

终于有一天，我在楼下花园碰到了妍妍。这次，她没有像以前那样把秋千荡得老高老高，而是默默地坐在一个圆盘健身器材上，心事重重地转啊转。我高兴地走过去和她打招呼："妍妍，你是不是每天都忙着做作业，没时间出来玩儿？阿姨可是好久没见到你了呀。"

"是的，阿姨，我每天都有好多作业要做。我不仅要做一年级的作业，还要做二年级的作业。"妍妍皱起眉头说。

"怎么还要做二年级的作业呢？你不是才上一年级吗？"我觉得奇怪。

"我是才上一年级，可是，妈妈说，明年就让我跳级，直接上三年级。所以，我必须把二年级的功课也学完，是自学——你知道吗，就是自己学习，妈妈教我。"妍妍眨巴着她的大眼睛，一字一句地解释给我听。

"哦，是这样啊。你想不想跳级？"

“我只想每天放学后都可以来花园玩儿，可以荡秋千，可以编歌。可妈妈说，我现在的成绩很好，完全可以跳过二年级。跳一级以后就可以早一年上大学，可以早一年玩儿。妈妈和爸爸已经决定了。”

“哦——”我不知如何跟一个6岁的孩子讨论跳不跳级的问题，于是就此打住。心里却为这个小姑娘感到惋惜，那被压缩的一年时光，对于天真的孩子来说，是多么宝贵的童年时光啊。

那次谈话之后，妍妍家就搬到了另一个小区的新家。我再也没见过她。那个荡着秋千唱歌的小女孩，却让我一直难以忘记。

日子一晃而过，我也搬出了大学校园好几年。当我重回校园居住后，有一天，偶遇妍妍的妈妈。一聊才知道，妍妍竟然已经考上大学了。

“妍妍都上大学了，时间过得真快啊。我老是记得她在花园里荡着秋千唱歌的样子呢。怎么样，妍妍应该考上了不错的大学吧？记得她刚上小学就跳级，学习一定很厉害吧！”在我的记忆里，妍妍那么聪明伶俐，妈妈又培养得那么用心，肯定会考上一所理想的大学。

“哪里啊，我都不好意思跟别人说，她才考上附近的一个二本呢。唉，你别提跳级的事了。当年，如果我不那么性急，不要让她跳级就好了。小学六年，我让她连跳了两级。先是从一年级跳到三年级；后来，又让她从四年级跳到六年级。虽然她学习还能跟得上，但是，基础毕竟没有像那些不跳级的孩子那样打得牢固啊。当时不觉得，到了初中，这一点就暴露出来了。我现在最后悔的就是让她跳了两级。如果就让她和别的孩子一样一年一年地往上升，学习的基础也能打得牢固一些，初中、高中的学习会更轻松些，也许考的大学会更好一些。最后悔的是，感觉自己剥夺了她两年的童年。这是无法弥补的呀。我欠她一个快乐无忧的童年，如果可以重来，我绝对不让她跳级。”

确实，小学教材里，对于各科知识的安排和设置是环环相扣的，孩子对知识的学习和掌握更是需要循序渐进。跳级有可能导致孩子会疏漏一些知识，造成知识体系的盲区或薄弱地带，出现“断层”现象。连续跳级，更换新的老师和新的同学，可能会给孩子带来人际关系方面的困扰；由于年龄比其他同班同学小，跳级的孩子可能在体能、个子等方面比不上同班同学，体育或自理能力远不如他们，可能会因此受挫，因而产生自卑心理。

其实，每一个孩子都有独属于他自己的成长节奏。盲目地跟风或一味地按下孩子成长的“快进键”，只会打乱孩子自然的成长节奏，扰乱他正常的发展阶段，给孩子带来不必要的困扰。因此，千万不要盲目跳级。

千万不要压缩孩子的童年时光。无忧无虑，自由自在，顺其自然的童年，是父母给孩子最好的礼物之一。

养育小贴士

美国心理学家格塞尔的“双生子爬梯实验”，研究的是双生子（双胞胎）在不同的时间学习爬楼梯的过程和结果。

一对双胞胎，他们的身高、体重、健康状况都一样。哥哥在出生后的第48周开始学习爬楼梯。格塞尔每天训练这个孩子15分钟。6周后，也就是到了孩子54周的时候，他终于能够自己独立爬楼梯了。双胞胎中的弟弟，在52周的时候才开始练习爬楼梯。结果，同样的训练强度和内容，他只用了两周就能独立地爬楼梯了。

此后的几年，格塞尔又对其他年龄段的孩子在其他学习领域进行实验，比如，识字、穿衣、使用刀叉，甚至将实验领域扩展到成人的学习过程，都得出了相类似的结论，即任何一项训练或教育内容针对某个特定的受训对象，都存在一个“最佳教育期”。

04

急功近利多培养出折翼的“英雄”

急功近利，是应试教育的一大“毒瘤”。而急功近利培养出来的孩子，遭遇的可能是畸形的成长，甚至是严重的摧残。

因为，那些急功近利的父母聚焦的只是孩子的成绩，他们理所当然地将分数之外的其他一切全部屏蔽掉。所以，他们的孩子基本上沦为了名副其实的学习机器。在上大学之前，他们基本上处于这种状态：除了学习还是学习，除了知识还是知识，除了题海还是题海，除了应试还是应试。而且，孩子在做这一切时都是被动的，他们被动地学习，被父母拿着应试的“鞭子”抽打着狂奔。当孩子如愿以偿地考上了理想的大学之后，他们身上以前被屏蔽和忽视的那些问题，全部暴露无遗。这时，父母才恍然大悟，发现原来还有比分数更重要的东西，孩子那些长久以来被忽视的内心的感受，被延误的心理成长，可能会决定孩子未来的发展，甚至影响孩子一生的幸福。父母这时才意识到：急功近利的教育，毁掉的可能是孩子完整的自我、可持续性的发展以及获得幸福的能力。

寒假回老家，和老同学小聚时，碰到李梅。她在县城的一所重点中学当老师，她的先生是那所中学的校长。暑假时，她的儿子刚刚考上了大学，而且是上海最好的大学，读了最好的专业。按说，儿子考上了理想的大学，皆大欢喜，她又获得了“解放”，应该是一身轻松，可是，这次，她却没像以往一样一见到我就开开玩笑，而是显得心事重重。

细问才知道，李梅一直引以为傲的“学霸”儿子赵屹，凭着高分考入自己理想的大学和专业后，却发生了颠覆性的变化——沉迷网游，荒废学业。寒假回来，她和老公才得知，儿子在大学里的学习情况和精神状态很糟糕。高考完，他开始玩游戏，他们想，高中时儿子没怎么玩儿，高考完了，让他痛痛快快地玩儿吧。刚进大学时，儿子还是手不离机，埋头玩游戏。他们也认为，他上大学后放松地玩儿一段时间，也属正常。但没想到，他选择放松的方式很单一，就是玩游戏，除此之外，他根本想不出别的放松方式。而且，赵屹一直以为，凭自己的高智商，他可以一边玩游戏，一边照样搞好学习。所以，他玩儿得一发不可收拾，也没想到要控制自己。没承想，期中考试的结果给了他当头一棒，他傻眼了：有几门课没及格。如果这时候他就此打住，不再沉迷游戏，也算是迷途知返。可是，没想到他无法自拔，越陷越深，最后干脆连课也不去上了，他几乎不出寝室门，吃饭的问题则靠外卖解决。最后，到了期末，他干脆连期末考试都不去参加了。

得知赵屹在学校的真实情况后，李梅两口子感到万分震惊和痛心，没想到中学时的“学霸”儿子，到了大学却成了“学渣”，甚至有留级的可能。更让他们痛心疾首的是，中学阶段，他们只关注了孩子学习能力的培养，却忽略了其他能力的培养，如他的自理能力、人际交往能力、社会生存能力等。他们一直以儿子的高智商为傲，却完全忽略了儿子的情商培养。好在他们都是从事教育工作的，发现问题后，赶紧采取措施，一家三口共同面对孩子出现的问题。特别是孩子的爸爸，整整一个寒假天天都陪着儿子，通过各种方式和他进行交流，让儿子敞开心扉，化解情绪危机，解决心理上的障碍，并提出要求，以后要及时和父母交流在校的学习情况和情绪状态；然后以实际行动支持儿子，天天陪他一起在办公室学习，让儿子把落下的课程补起来。

虽说赵屹目前发生了一些变化，网瘾得到了有效控制，但李梅两口子还不是很放心，毕竟网瘾不是说戒就戒的，他们担心一旦离开他们的监督，儿子又会重蹈覆辙。赵屹的爸爸在深刻反思的同时，甚至已经做了最坏的准备，如果儿子还不能戒除网瘾走上正轨，他就辞掉校长职务，随时准备和儿子一起面对最坏的情况，帮助他战胜成瘾的心魔，摆脱游戏的诱惑，积极地面对未来的学习和生活。

目前，我国高中阶段的孩子，学习主要是在老师和父母的驱动和监控下进行的，生活更是依靠父母无微不至的照顾。进入大学之后，他们虽然获得了前所未有的自由和空间，但一方面自己要自觉、自主地进行学习，另一方面，还要靠自己的自理、自律和自控来照顾好自己的学习和生活。所以，很多大一新生难以适应高中阶段到大学阶段的“巨变”，学习、生活、心理会出现各种各样的状况和问题。如何让大一新生成功度过“断乳期”，让他们实现被动到主动、依赖到独立、他人管理到自我管理的转型，可能是他们的父母和大学新生入学教育要关注的重点问题。

特别是对于父母来说，从一开始就要将孩子当作孩子，当作独立的个体和独特的生命，来尊重、对待和培养。不仅要培养孩子的硬实力，更要培养孩子的软实力，只有双管齐下，才能培养出身心健康、能独立生存和有社会适应能力的孩子。学习确实是孩子成长过程中的重要内容，但不应该是全部，更不应该成为孩子童年和青少年时期的唯一目标。孩子的成长，不仅是知识层面的成长，学习能力的提升，更重要的是综合能力的培养、内在心灵的构建，父母更应该关心他内心的成长和人格的培养。急功近利的教育，培养出的可能只是昙花一现的“学霸”，却是难以适应社会、没有持续性发展的人。毕竟，从人的一生来看，教育的最终目的是培养孩子感受幸福、创造和获得幸福的能力。

养育小贴士

孩子的成长，不仅是知识层面的成长，学习能力的提升，更重要的是综合能力的培养、内在心灵的构建，父母更应该关心他内心的成长和人格的培养。急功近利的教育，培养出的可能只是昙花一现的“学霸”，却是难以适应社会、没有持续性发展的人。

05

让阅读长久地滋养孩子的心灵

夜色深处，温馨的家，橘黄色的床头灯下，父母把孩子抱在怀里，柔声为他们朗诵一首童诗，或朗读一个童话故事；或许，只是和他依偎着共读一本图画书或童话，是多少孩子心灵深处最温暖的一幕，是多少孩子关于童年的美妙回忆。这也是父母对孩子最简单、最温情又惬意的陪伴，花费最少又最具附加价值。

让孩子爱上学习，是父母共同的愿望。

可怜天下父母心，虽然愿望是良好的，具体的做法却大相径庭。有的父母是一根筋到底，纯粹的线性思维，头痛医头，脚痛医脚。让孩子为学习而学习，结果，费尽千辛万苦，孩子不但没爱上学习，反而产生了厌学情绪。

有的父母却懂得灵活变通，比如，为了让孩子爱上学习，他们首先做的是，让他自然而然地爱上阅读。让孩子养成阅读的好习惯，就好比交给他一把爱上学习的金钥匙。

因为喜欢阅读的孩子，一般都爱学习。阅读能力强的孩子，学习能力往往也强。反过来也成立，那些爱学习的孩子，一般都喜欢阅读。

12岁的魏明苑是初一年级里鼎鼎有名的“学神”——据说“学霸”已无法形容她的级别，也是所在学校获得“最美中学生”称号寥寥可数的学生之一。

妈妈帮她填报“最美中学生”的资料时，发现填所获奖项的那一页表格，完全没法写下她小学6年获得的所有荣誉和奖励。最后，她只好删繁就简，把所有的校级奖励全都删去，只留下那些有分量的大奖。

别以为“学神”只会读书，人家还多才多艺呢。比如，魏明苑架子鼓六级，还自学了吉他等。对音乐的爱好，已经让她入迷了。自从进入初中之后，她的梦想便是组建一支自己的乐队。

其他综合能力也很棒，比如管理和组织能力，魏明苑当过班长、学习委员、宣传委员等。为了体验新的岗位，初中入学后，她竞选了班上的文艺委员。

总之，魏明苑就是一个典型的“别人家的孩子”，让几乎所有认识她的妈妈都艳羡不已。

这个“学神”最牛的是，成绩极好，却从来不上培训班。

这是为什么呢？其他妈妈去向她的妈妈“取经”，她的妈妈给出的回答却让她们不敢相信。

“我什么都没做呀，就是给她买了好多书，她想看什么书就给她买什么书。是真的，我没骗你们！”看到其他妈妈将信将疑的神情，她一本正经地回答她们。

“我们家也从小给我儿子买书啊，买了一柜子的书，只要是有名的，我都买了呀，可是也没看到他喜欢看书啊，难怪学习不好。”一个男孩的妈妈觉得自己的功夫白费了。

“要让孩子广泛地阅读，不仅限于文学书籍。很重要的一点是，要买他喜欢看的书。男孩和女孩在阅读上可能有一些性别偏好，女孩可能更喜欢阅读文学类的图书，而男孩可能更喜欢科普类的图书。所以，一定要根据他的喜好来选书或干脆让孩子自己选择买什么书。如果是他不喜欢的书，再有名他也不会着迷啊。”魏明苑的妈妈给这个失落的妈妈分析之后，帮她推荐了一些初中阶段男生可能喜欢的科普类的图书。她接着说：“为孩子选书，既要选高品质的书，更要选他喜欢的、感兴趣的书，否则，没法让他享受到阅读的乐趣，也就难以养成阅读的好习惯。”

“我家女儿不是特别喜欢读书，倒是玩起手机来很上瘾，要是读书也能上瘾就好了。”

“我家明苑简直是个小书虫。她说每天如果不阅读一下课外书，就好像少做了一件事，心里空空的，用她自己的话说简直都睡不着觉呢。她现在已经养成了一个习惯，在睡前都会自己读一会儿书，哪怕只是五分钟或十分钟。”魏明苑的妈妈对那些妈妈毫无保留地传授着自己和女儿的阅读经验。

“说起来容易做起来不简单吧？告诉我们，你是怎么让她阅读上瘾的？”刚才那个女孩的妈妈又问道。

“我从明苑小时候起，每天睡前都给她读书，这是固定的亲子阅读时光。周末，也会有固定的陪伴阅读时光。她会认字了，能独立阅读之后，我们给明苑开辟了一个专门的阅读空间，就是在她卧室的一个小小的角落里，和她一起挑选她喜欢的书架、她喜欢的书，布置成她喜欢的样子。然后，客厅里，沙发上，餐桌旁，也随手都可以拿到书，各种各样的书。不管她是否看得懂，她想翻就翻一下。暑假里，我们会叫她的小伙伴一起来看书，互相推荐好看的书。有时，我们还会一起根据书上的内容来做手工，玩游戏，特别有趣！”

“自愧不如呀，没想到光在阅读上你就花了这么多的心思，难怪明苑会喜欢读书，会阅读上瘾，学习会那么轻松。一个优秀的女儿背后一定有一个用心的妈妈，向你学习！”在听完明苑妈妈的经验传授之后，其他妈妈感慨地说。

“喜欢阅读的孩子，会主动地思考和领悟，聚精会神地想象、再创造，因此，不知不觉便锻炼了自己的专注力、阅读理解能力，会更擅长思考和分析，学习起来自然也会轻松一些。这是我之前没有想到的，这是阅读产生的附加值。”魏明苑的妈妈也颇有感触地说。

除了学习能力的提升，喜欢阅读的孩子，幸福感也越强。因为阅读会一辈子滋养孩子的心灵；喜欢阅读的孩子，内心会更充实，精神会更饱满，会更加坚韧，哪怕身处沟渠，也会仰望星空。

所以，爱孩子，就和他一起读书，和孩子一起享受阅读的美好时光，让他爱上阅读，让阅读像脉脉清泉滋养他的一生。

养育小贴士

美国阅读指导专家吉姆·崔利斯认为，为孩子朗读，是最有效的教育秘诀。他在《朗读手册》里写道：“你或许拥有无限的财富，一箱箱的珠宝与一柜柜的黄金。但你永远不会比我富有——我有一位读书给我听的妈妈。”

06

培养孩子感受幸福的能力

苏霍姆林斯基说："在教学大纲和教科书中，规定了给予学生的各种知识，但却没有给予学生最宝贵的东西，这就是——幸福。理想的教育是：培养真正的人，让每一个自己培养出来的人都能幸福地度过一生，这就是教育应该追求的持久性价值。"

培养孩子感受和创造并获得幸福的能力，是父母终其一生的功课。因为它决定孩子将来的幸福。

不管孩子以后从事什么样的工作，成为什么样的人，如果他缺乏感受幸福的能力，那么，即使取得了世俗意义的成功，坐拥世界的金钱和财富，他的人生也是虚空的、无聊的，缺乏价值感和成就感；而如果拥有感受幸福的能力，哪怕是成为一个普普通通的劳动者，他也能在平凡的工作和生活中发现自己存在的价值，每一天都会活得开开心心，幸福无比。

对孩子来说，幸福又是什么呢？有多少父母，会关心孩子内在的感受？有多少父母，会问孩子："今天你快乐吗？你幸福吗？"

要想让孩子感受幸福，首先，要为他们提供感受幸福的机会和可能。给他们成长的自由，他们才能体会到不受约束是什么样的感受；给他们漫步的时光，他们才明白悠闲的滋味；给他们自在的空间，他们才能经历不一样的人生。如果他们自己都不明白幸福到底是什么味道，又何谈感受幸福？

其次，让孩子去追求和感受世界万物的美好，享受生命的美好，享受发自内心的喜悦和快乐，追求内在的价值和幸福。让他们拥有超越现实和功利的能力，超越物质层面的追求，去执着追求精神和内在自我的成长。正如葡萄牙诗人费尔南多·佩索阿在《你不快乐的每一天都不是你的》一诗中写道："幸福的人，是他从微小的事物中/汲取到快乐，每一天都不拒绝/自然的馈赠！"

我想起闺密女儿写的一篇习作《遇见小确幸》。

遇见无处不在的小确幸。可以是一首风驰电掣的摇滚乐，也可以是安迪·沃霍尔的画作，可以是阿布拉莫维奇一场声势浩大的行为艺术，也可以是士郎正宗笔尖正寻找自己灵魂的草薙素子。清晨起来，拉开窗帘遇见一缕确幸的小阳光，上学路上人们洋溢着微笑，走进教室发现昨天的单词和背诵又被老师表扬。一天学习回到家中，梦里看见刚果河从黑色的土地流过，在森林中划过一道金色的沟壑。这些微小但确实存在的幸福会让你个人感到满足，然后我们有了想象，然后我们有了信仰，我们在这一路被小确幸的温柔感染。花样年华，阳光灿烂，小城之春，不思量自难忘。

遇见越期待越美丽的小确幸。当下的我们埋头在厚厚的书本里，行走在绿茵葱翠的校园里，有那么些瞬间会分不清sin和cos，分不清attitude和altitude，分不清校门口的煎饼加火腿还是里脊。我们也曾苦恼，沉重的五三模考充满了时光，也曾幻想，那一场某年6月8号的考试带走这一切，晚风蝉鸣烧烤，一切是那么美好。但学习的过程远不是一场游戏，经过3年的博弈，弹指时光，经过了，忆起来，恍若昨昔。学子迎着阳光，勇敢地飞向心中的梦想，就着星光，点亮过多少个不眠的深夜。学习的生涯于人生仿佛一笔浅墨，无论深浅皆不可除。无论最终得失与否，过程中的小确幸总是在那儿，越期待越美丽。

一个青春飞扬的女孩，用细腻的笔触写下她心中那些感知到的小确幸，温暖又美好。无论结果，注重的是过程中的体验，那些小小的幸福。

女孩的妈妈是一个中学教师。大学毕业后，即进入一所名校当老师，培养过一拨又一拨的学生，陪伴过许许多多孩子的成长。参差不齐的学生中，对于"学霸"是怎么练成的，所谓的"学渣"又如何能成功逆袭，她的手头有太多太多难忘的案例，她知道对于孩子来说，什么才是最重要的。成绩和分数，学习能力和应试能力，在升学的那些阶段确实极其重要，但是，从某种意义上来说，这都是为了实现某个目标的工具、阶梯，孩子只是借由这些硬性的考核标准，去抵达他们的目的。一旦抵达，就可能什么都是浮云。但是，对于孩子一生来说，极其重要的却是对自由的向往和追求，源源不断产生的内心的力量，抗挫力超强的韧性人格。所以，对于女儿的培养，她主张放手，注重给她自由和空间，注重内在力量的积累，更注重培养她去感受生活中细微的美好，敏感地捕捉并感受一丝一毫小幸福的能力。

拥有从自然和微小的事物中感知幸福的能力，特别是在艰难的时日里，感知小确幸的能力，才可能承受得了那些令人窒息的压力和挫折，在黑暗里看见阳光，在沟渠里仰望星空，哪怕是跌入谷底，依然相信希望就在前方，依然会拥有“行到水穷处，坐看云起时”的乐观。

让我们的孩子自由自在，漫步人生，感受美好，汲取快乐，享受幸福的滋味。

养育小贴士

你的感觉器官是怎样一种状态呢？你给自己的视觉、听觉、触觉、味觉和嗅觉以多大程度的自由呢？你会对自己这些绝妙的感觉加以限制吗？你能够让自己摆脱这些束缚吗？大多数人在孩童时代就被教导只能看该看的，听该听的，碰那些该碰的，结果就导致人们会限制自己的感觉。承认自己的感觉，尊重它们并给它们绝对的自由，是我们与外界接触和激发自我潜能的重要方法。我们需要不断的感官刺激来激发自己的感觉器官，转而再来沐浴我们的内心世界。

（《新家庭如何塑造人》第43页，〔美〕维吉尼亚·萨提亚著，易春丽、叶冬梅译，世界图书出版公司，2014年版）

07

共同成长，父母和孩子一生的马拉松

成长，绝不是孩子的专属语。不管对父母，还是对孩子，成长，都是一个永恒的话题。生命不息，成长不止。

父母子女一场，除了爱和温暖，互相给予世上最美好的情感体验，更重要的是，让彼此的生命熠熠生辉。

理想的亲子关系，莫过于父母和孩子共同成长，手牵着手，互相勉励，互相支持，一起走在成长的路上，走在通往美好的路上，走在让彼此的生命更加精彩的路上。

“真没想到，林子，你的变化这么大！更没想到，你竟然培养出了一个多才多艺的儿子，不仅会拉琴，还会画画。”

“林子还成了亲子教育专家呢，瞧瞧，都出了好几本亲子教育的书啦。”

“快给我们讲讲你成长的秘诀！二十多年来，我可是啥成就都没有，除了变成一个合格的‘煮妇’，能做几道像样的家常菜。”

阔别二十多年的大学室友，终于得以重聚。

久别重逢，林子完全改变了在大学时代室友们眼里的形象。大学时代的她，来自乡下，微胖的身材，毫不起眼的长相，复读的阴影，身无所长的自卑，使她在整整四年的大学时光默默无闻地度过。在兰心蕙质、美女成群的中文系，她像一只丑小鸭，根本不会引起大家的注目。她常常觉得自己就像中文系前坪花园里那一丛丛辣蓼花，悄悄地绽放着紫色的美，却总是朴实得常常被人忽视。

她从小喜欢文学，写得一手动人的文章。可是，在人才济济的中文系，谁不会吟诗作赋、舞文弄墨呢？她也曾偷偷地写过一些文章，往校报和电台投过稿，却从来不敢用自己的真名。

是儿子的出生，让她发生了改变。

儿子的到来，让她成为一个母亲。身份的蜕变，让她发现自己的世界变得如此的不同。她感觉自己的世界阳光四射，昔日的阴影不再，日子亮堂了起来。

她全身心地爱着这个小小的生命。她全身心地投入养育孩子这件事里。她如此渴望成为一个合格的母亲。为了他，她读完了一本本的儿童教育理论书；她广泛地阅读中外经典的儿童文学和绘本，只为有讲不完的睡前故事。每天晚上睡觉前，她把儿子抱在怀里，为他讲故事，和他一起编故事。每个日子，都甜得像蜜。

她发挥文笔好的特长，一天天记下儿子成长的点点滴滴。儿子的每一点进步，每个有趣的故事，那一句句充满童稚的话语，她都用心一一记下来。

从儿子拿起笔开始画画起，她就把他的每一张涂鸦都收藏起来。她把画中的故事记录下来，儿子讲，她记。画的是什么，讲的是什么故事，哪一年哪一月哪一日，天气状况等，她都一一记下来。

孩子喜欢汽车，她和他一起收藏各种各样的车模，她也成了名副其实的车模爱好者。她和孩子一起读汽车杂志，也知道了很多汽车品牌。

孩子对昆虫有着浓厚的兴趣，她便跟着儿子一起在阳光下欣赏那胖乎乎的绿色毛毛虫——小时候，她对这物种是多么害怕，避之唯恐不及。

孩子喜欢植物，当他在野外找到了喜欢的野草，她便把它细心地包好带回家。

孩子喜欢奇形怪状的石头，她不厌其烦地和他一起搜罗……

她陪孩子学琴。最初的出发点，和大多数父母一样，她希望儿子实现她未曾实现的梦想。上大学时，她多么羡慕那些能歌善舞、多才多艺的同学啊。

虽然孩子学琴并不是特别乐意，但她坚持一直陪着他。所以，进入初中后，当很多学乐器的孩子停止了学习时，她的儿子却一直坚持学习，直到终于体会到音乐的美妙，开始主动地拉琴。

她跟着儿子一起成长，儿子给她打开了一扇扇新奇的窗，一个个以前未曾涉足的领域。她享受着和儿子在一起成长的美好时光。

在培养孩子的过程中，林子学到了不少知识，她成长了不少。

在爱和自由的环境里长大，儿子从小便兴趣广泛，知识广博。随着年龄越来越大，他变得越来越有想法，越来越有主见。亲密和谐的亲子关系，让母子俩就像朋友一样相处，无话不说。儿子会不时给她提提意见。比如，儿子建议她不要只看教育类书籍，还应多关注国际和国内新闻，了解世界和国家大事……

她总是听从儿子的建议，一点点地认真改变。她尽量阅读其他领域的书籍，打开自己的视野；她也开始天天收看国际国内新闻，学着网络技术，有时遇到问题，还会向儿子请教。当然，她也用自己的实际行动告诉儿子，人要有梦想和追求，要活得充实，要不断地学习……

她把自己教育儿子的心得，一个故事一个故事写下来，积累下来，就变成了一本又一本的书。她的书，朴实，却饱含真诚，又不无感悟；不做作，接地气，受到许多妈妈的喜爱。

儿子从她那里获得了世上满满的爱，充分的自由，成长得阳光又乐观。他从小喜欢画画，高中毕业时，他选择了走专业美术的道路，他想成为设计师。妈妈丝毫也没有反对他，而是支持他的想法。儿子特别感激妈妈从小注重培养他的兴趣，尊重他的想法，让他有可能做最好的自己。

陪着儿子成长，一路走来，作为妈妈，林子觉得自己收获了很多。

林子说："和儿子一起成长，这是作为一个妈妈最美好的体验。这是儿子送给我的最好的礼物。"

而林子的儿子说："妈妈是上天送给我最好的礼物。因为在我成长的路上，有了妈妈陪伴，我才如此快乐和自由，才获得了源源不断前行的力量。”

共同成长，是父母和孩子一生的马拉松。

共同成长，相信会让林子和儿子彼此的生命更加精彩。

养育小贴士

孩子的心灵富有吸收力。他将周边环境中的一切，不加选择地吸收进去。所以，父母的自我成长，更加重要。因为它承担了一种榜样和示范的功能。

孩子的成长，自身生命活力的展示，潜能的呈现，超越于成人的一些美好的品质，更足以为成人之师、父母之师。

不断自我成长的父母是给孩子最好的礼物。

CHAPTER 09

家庭，多一点儿温暖和爱

父母对孩子的爱，就是最好的教育。家是妈妈端上的一道香喷喷的菜肴，是爸爸一个有力的拥抱，是晚归时亮着的那一盏橘色的灯……让家的每个角落都充满爱和温馨，孩子的生命就会充满温暖的底色。只有在孩子与父母之间存在良性的链接，家才可能成为孩子心灵的栖息地和疗愈地。

01

被爱的感觉像鸟儿迎风飞翔

对孩子来说，世界上最具有吸引力的是什么？

机器人？乐高玩具？芭比娃娃？巧克力？名牌衣服？昂贵的鞋子？

不，都不是。

他们最渴望的是爸爸妈妈的爱。

每个孩子都希望被爱，都希望被爸爸妈妈捧在手心里，用心地爱着。感觉自己被爱的滋味，非常美妙，它是如此让人心安，让人幸福，让人无所畏惧。

被爱的感觉，就像鸟儿迎着微风，张开双翅，欢畅地翱翔。

一个老同学发给我她女儿写的一篇作文：

妈妈，我想对您说

北京市西城区中古友谊小学四年级　黄怡嘉

今年寒假的一个周末，我看了“淘气包马小跳”系列中的《天真妈妈》，其中写着：“做藕饼要把鲜肉馅一点点地夹进两片藕里，蘸了干面粉和蛋清，放进油锅里炸成金黄。”看起来特别美味，让我垂涎欲滴。我情不自禁地喊道：“妈妈，你可以给我做藕饼吗？”您听了，立刻说：“好！”您放下手中的书，打开电脑，上网查做法。一会儿，您说：“妈妈去超市买食材。”我看看窗外，风怒吼着，树被吹得东倒西歪，路上行人稀少。我连忙说：“今天风太大，天太冷，别去了，改天再做吧！”您却毫不犹豫地说：“没关系，想吃就做呗！”说完，您顶着风出去了。

大约过了半个小时，您回来了。脸被冻得通红，手被冻得僵硬。您顾不上暖和一下，就到厨房忙碌起来。听着厨房里乒哩乓啷的声音，看着您手忙脚乱的背影，我感到非常幸福，心里也很期待您的藕饼。

很快，从厨房里飘来一阵阵藕饼特有的香味。我迫不及待地来到锅前，看到金灿灿的藕饼，惊叹道：“妈妈，您做的藕饼与小说中描绘得一模一样！”说完，我拿起一块藕饼往嘴里塞。它既有肉的香味，又有藕的甜味，真是色香味俱全。吃着香喷喷的藕饼，我心里甜滋滋的，更对您充满了感激之情。那藕拉出的长长的细丝，多像您对我的丝丝疼爱啊！

同学女儿写的这篇文章，标题普通，但整个的故事描写生动传神。

看到她的作文，我在大声叫好的同时，也感同身受，不由得想起了自己小时候被妈妈宠爱的感觉。

我的童年，物质贫乏，没有什么零食，但妈妈却千方百计地满足我。作为一个“小吃货”，妈妈对我总是有求必应。

我想吃糯米粑粑。当我刚对妈妈说出自己的想法，她二话不说马上行动，赶紧翻一下家里是否还有糯米，如果有，马上量几升去打米厂磨糯米粉。有时自己家里没有糯米，就还得去热心的邻居家换。妈妈匆匆忙忙地磨好糯米粉回来后，便开始烧水，将糯米粉用力地揉啊揉啊，揉成一个大大的米粉团。等到揉得有韧性之后，再捏成一小坨一小坨，用手掌拍成一个个圆圆的糯米粑粑。然后架起锅子，把油烧热，把粑粑一个一个放下去，炸得微黄之后，一个个捞上来，再撒上白砂糖。这种粘满星星点点白糖的糯米粑粑，对小时候的我来说，便是人间美味。我至今还记得自己在妈妈旁边等着吃糯米粑粑的时候，眼睛一眨不眨地看着，感觉妈妈像魔术师一样，把一粒粒普通的糯米，变成了一个个微黄的甜蜜的“小太阳”。满怀着期待，心里暖洋洋的。

夏天，妈妈和我发绿豆芽，我们一起挑绿豆，一起泡好绿豆。第二天早上起来一看，哇，绿豆一夜之间绿绿地冒出一片芽儿，真是神奇和新鲜啊。夏天气温高，基本上过了两个晚上就可以收获绿豆芽了。炒了亲自种的绿豆芽吃，吃到嘴里清爽，心里觉得特别甜。

过年的时候，妈妈会给我们兄妹做喜欢吃的炒米糕，还做小花片。永远忘不了，妈妈会在揉好的一尺见宽的米糕上抹一圈红色，然后从左至右卷起来，切成一片一片之后，每片小花片中间便有了一根弯弯的红线。等小花片炸好膨胀后，那一根红线变得特别显眼和漂亮。那一抹细细的红色，我直到现在还记得特别清晰。它成为我童年记忆里无法抹去的亮色，那写着的是妈妈的爱，那是我心里永远不会磨灭的被爱的感觉。

一个时代的父母，在表达爱时，往往有着时代的特色。我们父母那一辈，不太习惯直接用语言来表达对孩子的爱，比如，他们很少或从来就不会直白地说“孩子，我爱你”，更不习惯用拥抱和亲吻来表达他们对孩子的爱，他们习惯了用朴实无华的行动来表达对孩子的爱。

而现在的70后、80后，对孩子爱的表达更直接，不仅用语言，还会用亲密的行动来表达。

我的朋友，一位80后妈妈，因为工作的原因，孩子一岁就把她送到距离遥远的婆婆家。两年后，她把孩子接回来上幼儿园时，女儿跟她总是有点儿隔膜。她极力地弥补曾经缺席的母爱，每天早晚都会亲密地对女儿说：“宝贝，妈妈爱你。”女儿看似并不在意她的话，但开始慢慢变得和她亲近起来。女儿7岁时，这位妈妈在一篇QQ日志里这样写道：

腻味的妈妈

我现在老是用腻味的方法，怎么腻味怎么来。

以前睡觉的时候，我把琳琳抱得紧紧的。有一次我告诉她，她睡着的时候，我亲了她20口。

她问：“你是怎么亲的呀？”

我说："就这样啊，从额头，到鼻子，到嘴巴，到脸蛋，这么一圈刚好20口。幸亏妈妈的嘴巴大，才亲了20口，否则要亲40口才能亲完。"

"你没把口水流在我脸上吧？"女儿嘴里这么说，但看到她的眼神，我知道她其实很喜欢，很享受这种被我亲吻的感觉。

就是在一次次看似重复地表达"宝贝，妈妈爱你"和这样一次次看似夸张的亲吻中，她和女儿的关系终于越来越亲密，越来越融洽。是啊，除了口头上被妈妈爱着，那一次次被妈妈亲吻的感觉，是多么令人甜蜜，令人心安，令人踏实！那是孩子对自己被妈妈爱着的感觉一次次的确认。

养育小贴士

唐纳德·W. 温尼科特《妈妈的心灵课》中有一句名言：爱是最好的开始。他说："你如果想让小婴儿最终发育成既健康、独立，又合群的成年人，你就一定要给他一个好的开始。这个好的开始就存在于你和宝宝天然的亲情关联当中。这种关联就是'爱'。所以，如果你爱你的宝宝，他就已经有了一个好的开始，你也就开始做妈妈了。"

02

爱与安全感是家庭最大的磁场

幸福的家庭，从孩子出生时起，如一口不老泉，源源不断地涌出爱的甘泉，给予孩子爱的滋养和力量，永不停歇地满足孩子对于爱和安全感的需求。这样的家，充溢着爱和温暖，是孩子内心的安全岛。这样的家，具有强大的磁力，是一个充满活力、积极向上的磁场。无论孩子离家有多远，都能感觉到爱和安全感。

在充满爱和温暖的家庭长大的孩子，从小拥有了爱，学会了爱，更会爱自己也会爱他人，同时，他们也会拥有安全感。当他们长大之后，这种爱和安全感会内化成他们内心的一部分，长久地滋润着他们的内心，让他们的心田永远是一片绿洲，充满喜悦和幸福。

这是一个平常的秋日，妮妮妈和往常一样，8点准时到办公室。黄昏，直到办公楼下班的乐曲响起时，忙碌了一天的妮妮妈才关了电脑，准备下班。这时，手机适时响起，侄女来电话了："姑妈，你有一个快递，我帮你取了，下班了就到我家里来拿吧。"

"好。"妮妮妈想都没想就答应了。侄女跟自己一个单位，平时常帮她代收各种快递。她大步流星地走到侄女家，心里猜想，哪儿来的快递啊？自己最近并没有下单购物。不过，转念一想，也许是宝贝女儿妮妮又从澳大利亚给自己寄了东西过来吧。

刚进侄女家，没打算小坐，妮妮妈站在客厅看电视，准备等侄女拿了快递就回自己家。

她没想到，巨大的惊喜马上就会降临。

“妈妈！”妮妮轻手轻脚地走进表姐家的客厅，然后大叫一声，从后面环抱住正背对着自己的妈妈。

“啊！妮妮——宝贝，你怎么回来了？”妮妮妈听到喊声，触电似的回过头来，难以置信地看着“从天而降”的宝贝女儿，一把紧紧地抱住她，真是又惊又喜。前一天上午，在悉尼留学的女儿还和自己视频了，怎么今天就出现在自己的面前了呢？

“姑妈，这就是给你取的快递！”随后进门的侄女笑着揭开了谜底。哈哈，原来，宝贝女儿就是那个神秘的快递啊！侄女和女儿合谋了一个快递的谎言，为的是给自己一个意外的惊喜啊。

久别重逢的喜悦和快乐，洋溢在妮妮母女之间。许久，妮妮妈还没从惊喜中回过神来。真是母女连心啊，这两天自己还在想，马上就是妮妮的生日了，要是自己能和她一起过生日该多好！可是，工作上事务繁杂，自己根本就没有时间飞去澳大利亚啊。

她没想到，女儿竟然千里迢迢漂洋过海回来了，而且和她的想法一模一样，妮妮这次就是专程回来和妈妈一起过生日的。对，再过几天，就是她22岁的生日。这对她来说，是一个非同寻常的生日。经过两年的努力，她终于拿到了悉尼某大学的研究生毕业文凭，更重要的是，她如愿以偿地找到了一份与专业对口的银行工作。再过一周，她就正式上班了。在这难得的空隙时间里，正好碰上自己的生日。走上工作岗位之前的这个生日，她非常渴望和妈妈一起过。远渡重洋，是妈妈，是那个永远充满正能量、总是给她鼓励和加油的妈妈，让她度过了在国外独自求学和闯荡的艰难时光。她没有辜负妈妈的期望，她不仅以优异的成绩拿到了硕士文凭，还凭着自己的实力找到了一份理想的工作。她想和妈妈一起分享自己的这份成就和快乐，她也想让妈妈放心——自己真正地长大了，可以独立了。

当然，走上人生新的旅程之前，妮妮也希望回家“加油”，远隔重洋的家，是她的加油站。不管遇到什么样的问题，她总能从妈妈这里，还有给她许许多多爱的大家庭里获得新的能量和动力。因此，她想飞过千山万水，回家一趟。这样，她相信自己才会以最好的状态去面对新的工作，开始全新的异国生活。她才会不害怕、不畏惧未来可能遇到的问题，她才会像吃了定心丸一样，安心、坦然地面对可能遇到的任何事情。

妮妮在家的时间有限，只有短短的四天。可是，每天，她却被妈妈和亲人浓浓的爱所包围着，像一个大孩子一样被大家宠爱着。周末，她和妈妈像姐妹一样，相拥着逛街，吃街头的小吃。甚至在妈妈上班的日子里，她也像小尾巴一样黏在妈妈身后，跟妈妈上了一天班。她好享受和妈妈一起的每一分每一秒。她知道妈妈也一样，因为她的笑容是那样的灿烂，她的笑声是那样的爽朗。

生日的那一天，妈妈和外婆，舅舅和姨妈一家，给她过了一个特别的生日。亲人们团聚在一起，并没有外出用餐，而是各自做了自己最拿手的菜，做了一桌特别丰盛又是她在国外最想念的家常菜，给她举办了一次生日家宴。大家无拘无束地说着笑着，吃着喝着，给她送上最真最好的祝福和善意的提醒与建议。那一刻，妮妮觉得自己是世界上最幸福的孩子。而看着她开心又懂事的样子，妮妮妈也乐开了花，享受着发自心底的欣慰和幸福，她也觉得自己是世界上最幸福的妈妈。

到了起程的日子，充满了“电”的妮妮告别妈妈和亲人。她知道，妈妈和亲人会永远爱自己，不管自己遇到任何事情，她也不会害怕，因为他们会永远支持自己。

家，对于孩子来说，就是要给他们内心以爱和安全感，让他们永远感到爱的温暖，永远不畏惧一切无法预测的困难和困境。

养育小贴士

德国心理学家斯蒂芬妮·斯蒂尔在《给内心的小孩找个家》序言中说："家，是每个人向往的那个舒心自在的地方。孩童时期在家中被认可、受欢迎的感受会内化为我们积极生活的基础，并将伴随整个成年阶段：这是一种生活和生存上的安全感。有了这种安全感，我们才能变得自信，并敢于信任他人。人们把这种信任称为原始信任。原始信任就像内心的港湾，能够给予我们支持和保护。"

03

围桌吃饭是最美的风景

“每天，我和爸爸妈妈总是早出晚归，早餐很简单，中餐大家各自在食堂解决。吃晚餐时，便是我家最幸福的时刻。饭桌前，我和爸爸妈妈总会聊聊一天来发生的事情。我告诉他们班上发生的趣事，他们谈谈单位里的新鲜事，一起交流学习和工作上遇到的难题，那温馨的时光总是令人难忘。”一个三年级的小学生，在她的日记里这样写道。

对孩子来说，和爸爸妈妈一起围桌吃饭，是令人期待的美好时光，温馨又幸福。其实，对一个家庭而言，最美的风景，也莫过于此。

夜色四合的时候，明亮又温暖的灯光下，一家人一边享受美食，一边谈天说地，分享彼此的快乐时光，其乐融融，幸福四溢。

美食是家的象征，更是父母爱的表达，是最有人间烟火气的爱的语言。爸爸妈妈端上的每一道菜都是爱，热气腾腾的色香味里，带着他们浓浓的爱意。当咀嚼着舌尖上的美味时，唇齿之间香味和爱在流淌。当孩子的每一个味蕾都得到了熨帖和满足，一颗心也自然得到了爱的滋养。我相信，那些散发着爸爸或妈妈香味的美食，氤氲了每一个孩子最初的童年的记忆。充满爱和温馨的家庭氛围里，每一道特色菜打着爸爸妈妈的烙印，有着自家独特的风味，传递着一个家庭特有的爱。

而和孩子一起围桌吃饭，听他说说一天发生的新鲜事、快乐事，便是一种自然又随意、愉快又放松的亲密陪伴。对孩子的爱和陪伴，无须刻意为之，为孩子用心做一道喜欢的菜肴，和孩子共同用餐，一起聊天，在日复一日的围桌吃饭中，父母和孩子便得到了自然而深切的联结，温暖和幸福便会像风一样在彼此之间自然流动。

我是一本少儿期刊的文字编辑。在一些孩子的习作投稿里，经常能看到一些令人动容的内容。

有一个六年级的女生向琴在《独一无二的爱》里，这样写道：

我是如此幸福。

当爸爸或妈妈端上一道道香气扑鼻的菜肴时，

哇，我的每一个味蕾都打开了，

嗯，美食在我的舌尖跳舞，

快乐和幸福从我的心间汩汩流出。

我是世界上最幸福的孩子，

因为，我有一个为我做饭的爸爸、妈妈。

他们做的每一道菜，我都会狼吞虎咽，

哪怕只是家常的豆腐和小白菜，

我问爸爸和妈妈，为什么他们做的菜这么好吃？

他们说：菜里放进了世界上花多少钱也买不到的调味品。

那里面放进的是他们对我的爱，独一无二。

在看似普通的日常生活里，在爸爸妈妈做的菜里，她感受到了幸福，感受到了父母不可取代的爱。

另一个二年级的小女孩罗怡写了一篇《鱼肉里的爱》：

妈妈的爱藏在鱼肉里。每一次我们吃鱼，妈妈都会把一块大大的、嫩嫩的鱼放在盘子里，把肉里的刺挑出来，然后把鱼肉用筷子捣碎，检查一遍有没有鱼刺。如果没刺了，她才会把盘子放到我跟前，笑眯眯地说："吃吧！"每当这时，我心里都有一颗爱的种子，埋藏在心中，生根发芽。

我责编的“自然笔记”栏目里，选发了两篇文章，一篇是《秋天，一路飘香》，另一篇叫《故乡的香味》。这个栏目有一个和小读者互动的内容，请小朋友在读了这两篇文章后，写一写自己最喜欢或印象最深刻的一种香味。

结果，在数篇来稿中，就有三篇是写妈妈炒的饭菜香。

有一个叫王思睿的小朋友在《妈妈的味道》中写道：“我记住了妈妈做的红烧肉的香味，那是妈妈的味道……世界上的香味有很多很多种，但是，我最喜欢的却是妈妈炒出来的菜香味。”

江卓小朋友在《爱的香味》里写道：“在我的记忆里，妈妈就是一位大厨，她经常从厨房里给我端出一盘盘充满爱意的菜肴，身上总是带着爱的气味。只要妈妈在厨房里做饭，我总能闻到一股爱的香味……”

何隆鑫小朋友在《家中的香气》里这样描绘：“我们家能发出香味的物品可多了，我最喜欢的还是妈妈的饭菜香。每天放学推开家门，淡淡饭香迎面而来。这时候妈妈已经在厨房为全家准备美味佳肴了。我尤其喜欢妈妈那道土豆焖牛肉，简直飘香四溢，让人垂涎三尺……虽然制作烦琐，但是妈妈脸上依然保持微笑。爸爸忙了一天的工作，回到家也总带着灿烂的笑容。这就是家的香味。我喜欢这样的香味时时刻刻在脑海里萦绕，以后不管身在何方，我都不会忘记这温暖的家的香味。”

是的，孩子背着书包回家，一推开门，就闻到淡淡的饭香。四溢的饭菜香里，有妈妈忙碌的身影，有爸爸妈妈的微笑。一家人围桌吃饭，有说有笑，无疑是家中最美的风景。

日常饮食关乎孩子的身体健康，所以一日三餐，一粥一食都牵动着父母的心。

爸爸妈妈饱含爱意做出的每一道菜，都是在送上一份份对于孩子健康的热气腾腾的祝福和美好的期盼。当一个爸爸或妈妈费尽心思给孩子端上一盘色香味俱全的美味时，孩子何尝不是在享受一份色香味俱全的父爱或母爱呢？在味蕾得到满足时，还能享受视觉的美。这样的父爱和母爱是有温度、有气味、有美感的。

良好的亲子关系，往往也建立在餐桌边。当孩子风卷残云地消灭掉爸爸或妈妈做的饭菜时，这又是一种多么幸福的联结啊。

在父母和孩子谈笑风生的交流中，也不知不觉地渗透着父母的教育理念，渗透着他们的世界观、人生观和价值观。

围桌吃饭，更是进行食育的好时机。吃还体现着家庭特有的饮食文化，关系到每个家庭独特的用餐礼仪。让孩子一起参与做饭，不仅能融洽亲子关系，让孩子参与家务劳动，也能锻炼孩子的动手能力、自理能力。

心理研究表明，父母为孩子做饭的次数多，和孩子共同用餐的次数多，孩子的饮食习惯更健康，父母和孩子的幸福指数都比较高，亲子关系也更融洽。

所以，如果真的爱孩子，那么不管工作有多忙，请爸爸妈妈尽量抽出时间，亲手为孩子做饭，陪孩子一起吃饭。

养育小贴士

近年来，食育越来越受到重视。所谓“食育”，是指围绕饮食相关过程进行的各方面教育，以此培养少年儿童对食物营养的判断能力，养成健康饮食的好习惯，达到健康的目的。因为食育形式多样，生活化、趣味化，儿童乐于接受，在家庭和教育机构中得以迅速推广。

食育与孩子的身体、智力和情感的发育息息相关，不可轻视。

04

父母恩爱便是晴天

父母是孩子的天空。家，是晴空万里，还是乌云密布？家庭的氛围，完全取决于父母的关系，父母恩爱便是晴天。每一个孩子都希望自己的家永远晴空万里。

“儿子，过几天是你的生日，你有什么生日愿望，告诉妈妈，妈妈一定满足你。”当妈妈微笑着问孙瑞溪时，他才想起，离自己16岁的生日只差一周啦。

“要不要生日蛋糕？妈妈给你订一个你最喜欢的黄桃口味的？”

“不要！”孙瑞溪摇摇头，心想：“我都长这么大了，老妈，别再把你儿子当小孩了。过生日就要吃生日蛋糕的日子，一去不复返了。生日蛋糕是小孩过生日的标配，难道你不知道吗？”

“要不，给你买一双新鞋子？”

“不要，前两天刚买了两双啊。”孙瑞溪还是一口便否定了妈妈的提议。

“想不想吃口味虾，我和爸爸去买回来做给你吃？”

“不想吃，吃龙虾会长痘痘。”孙瑞溪下意识地摸了一下脸上那颗超级大的痘痘，又痒又痛。最近痘痘如雨后春笋一样不断冒出来，自己正烦得很呢。

孙瑞溪每一次的否定，都让妈妈满怀期待的眼神黯淡一次。

“那你最大的生日愿望是什么呢？”妈妈一脸的失落，又有点儿不甘心地问。

“你和爸爸少吵点儿架。”孙瑞溪想了想，一字一句地对妈妈说。

“啊——”妈妈的反应有点儿愕然，但马上反应过来了，“好吧，儿子，妈妈答应你，以后，尽量和爸爸少吵架。其实，妈妈每次和爸爸吵完架，特别是当着你的面吵完架就后悔。不过，你知道，爸爸妈妈吵完架，一下子就没事了。”看着儿子认真的神情，妈妈有点儿愧疚。

“好啦，好啦，就看你们的行动了。”孙瑞溪不想和妈妈多说什么，知道口头的承诺实在靠不住，老爸老妈给自己保证过多少次了。每次答应自己以后不吵架了，结果，下一次，还是想吵就吵，照吵不误。

听了妈妈的话，孙瑞溪心里其实在翻江倒海："你们倒是把吵架当家常便饭，吵完架就没事了，可有没有想过我的感受呢？"每一次担惊受怕倒也说不上，吵多了看多了，也麻木了。担心的就是不知道什么时候，因为什么事情，本来好端端的他们突然就吵起来，而且吵得不可开交。这种情形，就像家里安了一个不定时炸弹，身处其中的他，时时刻刻得小心翼翼，因为不知道“炸弹”到底在哪儿，说不准什么时候它又会被引爆，总之，老是得提心吊胆，这种滋味比目睹他们大吵大闹，还让人难受。

说实话，孙瑞溪总是想不明白，为什么爸爸妈妈为了一丁点儿鸡毛蒜皮的小事，就一个扯着嗓子吼，一个板着一张铁青的脸，弄得家里乌烟瘴气，自己简直就不想多待一秒，只想找个理由快速逃出那令人窒息的氛围。

上周日，难得平常总加班的爸爸也在家，一大早，妈妈和爸爸高高兴兴地出门去买了一大堆的菜。中午时分，两个人又一起在厨房忙碌，边聊边洗菜的洗菜，切菜的切菜，说说笑笑的，其乐融融。孙瑞溪在自己的卧室里，埋头刷题，就等着妈妈笑眯眯地过来叫他出去吃大餐。可是，一会儿，厨房里却传过来一阵争吵。他侧着耳朵听了一下，隐约传来的是妈妈那熟悉的女高音："我说了不要放辣椒！你怎么又放了？"然后，他听到爸爸不紧不慢的男低音："鱼里面不放辣椒有什么味道！"

“你明明知道我这几天胃不舒服，还要放辣椒，你怎么这么自私，只管自己……”听到妈妈的声音又高了一个八度，而且语速越来越快，直接攻击起爸爸的人格来，孙瑞溪苦笑一声，放下手中的笔，赶紧出来当“金牌调解员”。

如果他不及时出现的话，爸爸妈妈的战争估计又要火速升级。

“好啦，好啦！老妈你别生气，让老爸给你做一道别的不放辣椒的菜。”“老爸，你也真是的，你要先给老妈盛一点儿出来再放辣椒嘛。”成长在爸妈经常吵架的家庭，孙瑞溪已深谙调停之道，一定要保持中立立场，谁都不能偏袒，否则父母心里都不好受，说不定又要引出一场新的“吃醋之战”。

“还是我儿子说话好听，情商高，哪像你，情商低！”孙瑞溪一出现一开口，本来气呼呼的妈妈的怒火马上得到有效控制，不过，还不忘记指责一下他爸，给自己再出一口恶气。

父母之间的战争，不管是怒目相向，甚至大打出手，还是冷战，对生活在其中的孩子来说，都是一种伤害，是无形的压抑和难过。因为每个孩子都有一颗敏感的心，特别是对于与他血脉相连的父母，他们的一举一动、一言一行，都会让孩子接收到极其微妙而丰富的信息，与父母的情绪和情感进行悄然的链接。

父母恩爱，便是孩子的晴天，是他们给孩子最好的礼物。

养育小贴士

萨提亚说：“家是孩子成长的地方，父母如何进行交流，如何处理自己的情绪，决定了一个家庭的氛围，决定了家是乐园还是荒漠，决定了父母和孩子的幸福感；更重要的是，他们的交流模式和情绪管理模式，会直接影响孩子与他人的交流方式，还有他自己的情绪管理方式。而这直接影响到孩子是否能身心健康、快乐阳光地成长，也影响着他以后是否能与他人和世界和谐相处……”

05

如果有个心理咨询师妈妈

随着社会的进步，物质水平极大提高，越来越多的人开始关注心理健康。

网络时代，低头族的时代，“宅娃”越来越多，“屏奴”越来越多，他们动不动就“蓝瘦”“香菇”，动不动不上学，一言不合就离家出走，网络原住民时代的孩子，心理承受力越来越脆弱。

养育一个身心健康的孩子，是当今父母首要的任务。爱孩子要讲究技巧，爱得不够会出问题，爱得多了也会出问题，因此，养育孩子是一项长期而艰巨的任务。

网络时代，快节奏的生活方式，激烈的学习竞争，巨大的升学压力，使得中学生甚至小学生中，有心理疾患的人越来越多。看心理医生的孩子越来越多，年龄也越来越趋于低龄化。

很多心理咨询机构应运而生，关于心理的微信公众号也不少，试图为大家提供一定的帮助。但对一个孩子来说，一个好爸爸或好妈妈胜过最好的心理医生。

儿子出生之前，我刚入职一家儿童杂志社，对于如何育儿，对于儿童心理还不是很了解。因为工作需要，我开始接触儿童文学、儿童教育学和儿童心理学。

十几年间，在阅读大量儿童文学经典作品的同时，我不断阅读儿童教育学和儿童心理学书籍，与儿子一起成长。前两年，我终于顺利通过国家二级心理咨询师的考试，从理论上掌握了基本的心理咨询方法和技巧。然后，学以致用，当起了儿子的心理咨询师。我和儿子开玩笑说，他享受的是免费的心理咨询，24小时全天候的VIP专享服务。

儿子从小痴迷于画画，不管学习再怎么紧张，他也没放弃过画画。进入高一的第一次演讲时，他便在全班同学面前慷慨陈词："我喜欢画画，我的目标是某某大学美术学院。"

于是，从高一暑假起，儿子开始了专业的美术学习。高二上学期还没结束，刚参加完学业水平考试的他就去了画室，参加为期8个月的封闭式专业训练。

从小到大，儿子从来没离开过我们。因此，他开始去画室的时候，我很不放心，几乎一天一个电话，问长问短，什么时候睡？食堂的饭吃得惯吗？学习上有什么困难吗？儿子爸爸跟我说："不要老是给他打电话，他自己会照顾好自己的。"我觉得有道理。慢慢地，我不太担心他是否适应离开我们，独自过集体生活。因此当他主动来电话时，我想他可能碰到了什么烦心事。

"老妈，我好烦……"目前，儿子进入高三，正是中学阶段最紧张的一年。现在，他跟我的交流，总以这句话作为开场白。

"哦，烦什么呢？怎么了？跟妈妈说说。"每次，我都是这样回应他。

儿子烦的内容五花八门，有关于人际关系的：他看不惯某个同学，因为他喜欢装腔作势，又特别喜欢串寝室，也不管会不会打扰到别人；有时候是专业上、学画时遇到了问题：集训了几个月，感觉自己没一点儿长进。

不管是什么问题，我都会耐心地听他说完，然后，我问他："跟妈妈说出来，是不是没那么烦了？感觉是不是轻松了很多？"我相信，当他痛痛快快地说出那些令他烦心的事情时，他的负面情绪已经得到了宣泄，他的心里就会轻松很多。

"嗯。"儿子总会肯定地回答我。

"每个人遇到困难和瓶颈时，都会产生负面情绪，所以，觉得受挫，难过，消极，想放弃，这样的情绪都是正常的。要是我碰上这种情况，也会烦，也会沮丧、难过。有这样的情绪，你要做的就是坦然地接纳它，然后让它像风一样吹过，好不好？”当儿子低落、沮丧、自我评价很低时，我从不否定他的感觉和情绪，而是表示接纳和认同。

当然，解决了情绪问题之后，我会帮儿子分析，自己到底是哪里出了问题，应该怎么做。比如看不惯某个同学，这种感觉可以理解。但是，每个人都有自己的生活方式、行为模式，因为每个人都有自己的成长环境，不能要求别人的行为都和自己的一样。要接纳别人，就像接纳自己一样，特别要学会发现别人的优点，这样才能较好地和别人相处。

每次，当听到儿子吐槽之后，轻松地挂掉我的电话，我都会感到庆幸，庆幸自己一直在学习如何做一个好妈妈，庆幸自己掌握了基本的心理咨询方法，所以，我才能帮助他更好地成长。

养育小贴士

虽然不是每一个妈妈都会成为心理咨询师，但是，每个爸爸或妈妈都可以掌握最基本的共情技巧，尽量做到接纳孩子的情绪，设身处地地考虑孩子的感受。这样，很多亲子问题就会迎刃而解，构建起和谐的亲子关系。

所谓共情，即站在别人的立场上，用他们的角度来看待问题，理解他们的感受。这是一种本能反应，不用经过深思熟虑就能产生。

06

父亲用心的陪伴便是最好的“陪养”

父亲的陪伴，父亲的爱，对于孩子的成长，有着母爱无可取代的价值。青少年研究专家孙云晓老师就说过：缺少父爱如同孩子成长中缺“钙”。在很多家庭中，由于种种原因，在孩子的成长过程中，陪伴的多半是妈妈，爸爸却往往缺席，孩子的父爱严重缺失。

近年来，先是“丧偶式育儿”批判父亲在孩子成长中的缺席和缺位，直指父亲对孩子疏于陪伴。继“丧偶式育儿”之后，又出现了“诈尸式育儿”，指出了当今家庭教育中，那种平时不管孩子、但在妈妈教育孩子时，又喜欢对孩子的教育指手画脚的爸爸。

其实，用心陪伴孩子成长的父亲，也并不少。父亲相对于母亲，他的陪伴亲密有间，也更理性、更淡定，更侧重于“行动”上的陪伴、理念上的引导。

不知道大家是否看到过这样一篇文章，标题很吸引眼球：《她3岁开始环游世界，9岁走过十几个国家，但更幸运的是有个爱她一生的人》。

开篇就是一份令人咋舌的行程表：3岁丽江/香格里拉，4岁马尔代夫，5岁邮轮日韩/大理……这篇文章的主角是一个叫步璠的8岁女孩，她在爸爸的陪伴下，小小的脚丫遍布世界各地。她的爸爸是一个摄影记者，不仅陪着她走遍天涯海角，还一路拍下了令网友惊艳的绝美的照片，记载这个小丫头点点滴滴的成长。

让我印象深刻的，当然是步璠和爸爸经历的许多“第一次”：步璠第一次从树枝上尝新鲜梨子的照片，她张大嘴巴咬住梨子，脸上写满新奇和快乐。她第一次看见一串巨大的木蕉，她和爸爸两个人都抬不起来呢。她在爸爸的怀抱里，第一次伸出双手和海豚亲密接触……

有这样好玩儿的爸爸日日相伴，有他陪伴着走天涯，领略神奇的世界，亲近大自然，接触陌生的人和物，收获新鲜、惊喜，享受变幻无穷的美丽风光，真是让人羡慕嫉妒恨啊。但是，不是每一个爸爸都能像步璠的爸爸这样，带着孩子走天涯。不是每一个爸爸都能说走就走，放下工作，扛起相机就带着孩子周游世界，陪伴着他诗意地成长。

生活中，更多的是平凡的爸爸。他们是普通的工薪阶层，他们得按部就班地上班，朝九晚五。他们得为生存奔波，早出晚归。他们得为工作忙碌，得为柴米油盐等琐事烦恼……

可是，我相信，他们像步璠的爸爸一样，深爱着自己的孩子，只是爱的方式不一样，陪伴的方式不一样。

在我的朋友圈里，有两个爸爸，他们的爱，让我折服。

其中一个是编辑爸爸——典爸。作为一个文字编辑，每天坚持写微信日记。他以全身心投入的状态，陪伴、关注孩子的成长，每天记录孩子的成长点滴，或长或短，或抒情，或白描，或自省，或感悟……看他记载的点点滴滴，你会为这个爸爸的用心和专注所感动。

其中有一则日记："生地全真模拟考试。我说：'考得怎样？'孩子说：'继续努力加油。'每天，我尝试着用朴素的文字，静静记录点滴安暖，忽然发现自己的内心是丰盈的。任时光温润成一朵小花，飘散着淡淡的清香。轻轻回望，便能瞥见美好。每每念起，便觉口齿生香。"

真是美好，作为"吃瓜群众"，我也感觉非常美好，更觉得珍贵无比。

另一个是律师爸爸，信短情长。我的一个高中同学，北京的律师爸爸——扬爸。他在女儿高考前夕，做了一件事情——用微信和女儿保持联系，及时给她针对性的提醒。他不焦虑，从容淡定，一步步地陪伴孩子度过高考前的特殊时刻。

“这个时候，我们高考家长能做的，就是充分相信和祝福孩子，并通过微信，给予孩子鼓励和不定期的针对提醒，结合自身的经验，提供简单而管用的方法。”

在简短干练的文字下方，有一组由他写给高三女儿的话微信截图组成的九宫格。我饶有兴致地打开一一细读，一共9条“爸爸心语”：

爸爸心语（1）

简答题和论述题就相当于一篇小小作文，可以在草稿上写上简单的提纲。对于不太熟悉的，可以在草稿上写上想到的关键点，先去做别的再回过头来做。

爸爸心语（2）

身体是革命的本钱。饭后要过十几分钟再坐着学习，下午的跑步效果也不错，晚上快走也挺好。要吃好睡好心情好哦！

既有具体的学习上的建议和提点，也有宏观上的对身体健康和心情好的提醒。

爸爸心语（3）

冬至过后，黑夜渐短，阳气上升，犹学习之日积月累，量变引起质变，即将收获成功，乃大吉之日。冬至快乐，别忘了吃饺子！

选择冬至日给女儿发微信，既有节日的仪式感，又表达了关爱和鼓励。

爸爸心语（4）

课前预习、课中记录疑点、课后请教老师同学，及时整理错题消化，晚自习巩固做题。方法很重要哦，如果不讲究方法600分，那么讲究方法660分。圣诞节快乐，有红包哦！

爸爸心语（5）

“学霸”的六大特点：11点前睡觉；少而精的练习题；及时总结错题；爱营养、爱锻炼；在玩要和学习中自由切换；无论成绩好坏都宠辱不惊。

爸爸心语（6）

成大事者，必须控制甚至暂时牺牲一个一个的小欲望，集中精力做好当前的大事。这是有点儿痛苦的，但将来你会发现，这是值得的。

爸爸心语（7）

祝愿2018年幸福满满。“幸福都是奋斗出来的。”祝愿2018年学业进步！“必须不驰于空想，不骛于虚声，一步一个脚印，踏踏实实干好工作。”

爸爸心语（8）

学好书本上的知识很重要，做任何题都要认真审题，答题时注意逻辑性和卷面整洁，这样就能得高分。

爸爸心语（9）

高考不仅是智力的比拼，更是体力、毅力和细节的竞争。要吃好睡好锻炼好哦！

律师爸爸理性、淡定，既定期给予孩子具体的学习方法的指导，也从心态上对孩子进行引导，宠辱不惊，吃好睡好锻炼好。既有精神鼓励，也有时不时的红包慰问——让孩子开心的物质鼓励。

不管是陪伴孩子周游世界，阅尽奇山异水，还是只陪伴孩子看 场电影，和孩子一起去图书馆借书，坚持写一则则琐细的成长微信，抑或是给孩子发一则则有爱又有力量的短信，诠释的都是最真的父爱。

父亲用心的陪伴便是最好的家庭教育，是温暖有力的“陪养”。

养育小贴士

美国的凯文·李曼在《追溯童年——重塑自我的奇迹课程》中给父母和孩子的交流提出了这样的建议："如果你想给孩子们创造更多积极正面的记忆，其实跟你送他们什么圣诞礼物无关，也跟你带他们去哪儿旅游无关。有关系的是你要多花时间跟他们相处，你要更重视你们之间的关系，你要更多地传达出你的爱。实际上，你平日里所做的一切都是一种交流。所以说，要想创造积极正面的记忆，靠的是时间与爱，而不是金钱与活动。"

07

永远为孩子留一盏灯

浩瀚的大海，不会总是风平浪静；有时波涛翻滚，浊浪滔天。

高远的天空，不会总是晴空万里；有时风云变幻，雷霆万钧。

“路漫漫其修远兮，吾将上下而求索”，人的一生，长路漫漫。

孩子成长的路上，总会遭遇挫折和坎坷，没有谁会一帆风顺地长大。

他们或迟或早，可能会遇到黑暗的时光，会遭遇成长的瓶颈，或是学习上的，或是情感上的，或是人际交往上的，或是生活能力方面的等。

作为父母，要永远给孩子留一盏灯，一盏希望的灯、爱的灯。要在孩子的心灵深处永远亮着这样一盏灯，不管他遇到什么样的艰难困苦，都能驱走孩子心中的黑暗，引领他走出黑暗的丛林。

放学啦！

学校里顿时热闹起来，穿着黄绿校服、背着书包的同学们，三五成群地说着笑着，低年级的小弟弟小妹妹们，蹦蹦跳跳地奔跑着冲出校门，奔向在门外等候的爸爸妈妈或爷爷奶奶。

这是一个晴朗的秋日。秋风飒飒地吹着口哨，卷起路边树上斑驳的叶子，金黄和青绿的落叶跳起了秋日之舞。

换了平常，上五年级的舒伊一看到这种情形，会叫住打打闹闹的小伙伴们停下来，一起来看落叶翩翩起舞的样子——她把这叫作落叶舞，觉得这是秋天最美的风景。

可是，今天，她的心好像被打湿的棉被，直往下沉，她没有心思看落叶舞，她没有兴趣仰头看天上的白云，还有那像水洗的蓝宝石一样的天空。她低着头，独自一个人垂头丧气地走在放学的路上。连踩在厚厚的落叶上那沙沙的声音好像也格外不中听，像是烦人的噪声。

舒伊一手里攥着一张数学试卷，一份被修改了无数次，被她涂得面目全非的试卷，更让她的心情跌落到谷底的是——差一点儿就要不及格了。刚看到这个分数时，她就傻了眼，眼泪差点儿掉出来。“我是不是太笨了？为什么我每天花了那么多时间，下了那么多功夫，每天都认认真真地完成老师布置的数学作业，数学却总是学不好？”她心里的沮丧像潮水一次次涌上来，难过极了。数学是她心里的“刺”，硬硬地卡在那里。她的语文总是班上第一名。是的，她喜欢读课外书，喜欢观察，所以写起作文来总是妙笔生花，洋洋洒洒，作文经常被当作范文在班上朗读。可是，数学总是拖她的后腿，在她的记忆里，数学从来没考过第一。每考完一次，班主任就语重心长、满怀期望地跟她说：“伊一啊，如果你的数学也像语文这么棒就好了，那你绝对就是咱们班甚至是咱们学校的第一名。伊一啊，你的数学要想办法提上来啊。”伊一自己当然也想把数学提上来，也想把数学学好啊。可是，就是难以把数学学好。是自己方法不对，还是因为脑袋里少了一根筋，真的学不好数学呢？

不过，不管怎样，上小学五年来，舒伊一的数学还是头一次考得这么差，分数考得这么低。除了沮丧和难过，她心里更是充满了不安，想到马上要见到妈妈，她不知道妈妈看到这份试卷会有什么样的反应。连自己都没法接受的分数，妈妈能接受吗？妈妈会不会责备自己呢？离家越近，她觉得手里的试卷越重，甚至觉得自己手里拿着的不是一张普通的试卷，而像是一个不定时的炸弹，随时可能会引爆妈妈的责骂和怒火。因为爸爸这几天出差了，要是他在家，还会为自己打掩护。现在可得自己一个人面对妈妈呀，伊一越想心里越发毛。

“伊一回来啦！快点儿，妈妈今天给你做了你最喜欢的糖醋排骨、西红柿蛋汤，还有小炒莴笋片。”听到伊一进门的声音，在厨房里忙碌的妈妈赶紧喊她。

“哦——”伊一无精打采地应了一声。

“宝贝，怎么啦？”兴冲冲端着糖醋排骨出来的伊一妈，一看伊一的神情就觉得不对劲儿。

“妈妈，我，我这次数学没考好——”伊一鼻子一酸，眼泪就在眼睛里打转。

“哦，是这样啊，我还以为是遇到什么问题了呢，没考好就没考好。来，先把书包和试卷放到你书桌上去，咱们先好好吃饭。”出乎伊一的意料，妈妈竟然没有痛骂她，连一句重话都没讲，而是心平气和。伊一甚至怀疑地打量了一下妈妈的表情，看她是不是说的反话或气话。但她确认过了妈妈的眼神和表情，确实是真诚的，没有生气或嘲讽的样子。

伊一顿时如释重负，“炸弹”的危险排除了——妈妈真是个“拆弹高手”啊，她心里突然冒出这个词。她曾和爸爸一起看过一部拆弹高手的电影，对他们的高超技艺佩服得五体投地。

伊一变得轻松了，便狼吞虎咽地吃起饭来。每一道菜都是她喜欢的，太好啦。妈妈呢，看着她吃得欢也很开心，好像完全忘记了伊一的数学考试。

吃完饭，稍微休息了一会儿。伊一便自觉地走进了自己的房间，开始做作业。妈妈收拾完厨房，也走了进来。

“伊一，别的作业都做完了吗？”

“嗯，做完了。”

“那我们一起来分析一下你这次的数学试卷吧。”

“好。”

“伊一，一次考得不好，不要灰心。关键是，我们要找到学习数学的方法，培养学数学的信心和兴趣，妈妈相信你，只要你做到这些，一定能把数学学好的。这样吧，你准备一个专门的数学错题本，先把错的题目找出来，写在上面。然后，我们一起来分析一下，到底错在哪里，好不好？”

“错题本？”伊一是第一次听到这个词，不禁反问了一句。

“是的，就是专门登记错题的本子。以后，不管是平常做作业，还是考试中，所有做错的数学题目都写在上面。我们一道一道地来分析，找出你错误的原因，好不好？”

“好。”伊一听了妈妈的解释，觉得心里一亮，对啊，做一个这样的本子，就可以对症下药了。

伊一找出了一个崭新的数学本，在封面端端正正地写下了“数学错题本”五个字，然后，把数学试卷拿出来，从第一道题开始，她一一登记自己错误的原因。其实，在整理错题的过程中，她自己就分析出了不少问题，比如，有一道计算题，小数点被她标错了；还有一道关于倍数和因数的问题，是因为自己把零也算在内了……

最后一道题目，是有关数的奇偶性，考试的时候她左思右想没想明白，虽然老师已讲过了，但她现在又不会做了。这时候，妈妈来了。妈妈和她一起分析，告诉她，对于这个知识点，除了掌握奇数和偶数的基本特点，还要学会用列表和画示意图的方法来发现规律，总结规律。妈妈边说边画起了示意图，咦，真的好奇怪，之前一直想不明白的题目，妈妈一画示意图，她就豁然开朗了。呵，那种感觉真的太奇妙了。伊一好像第一次领略到，数学原来也这么有意思。伊一想，如果掌握了数学正解的打开方式，也许，数学并没有想象中的那么难……

父母、家人，永远是孩子最强大的社会支持系统。

当下，为什么越来越多的孩子会出现心理障碍和心理问题，很大程度上因为他们缺乏强大的社会支持系统。和谐、健康、有着开放系统的家，本身就是孩子心中一盏充满爱、鼓励和信赖的灯。

不管孩子遇到了什么样的挫折，父母都要给孩子一份信念，告诉孩子：爸爸妈妈坚信，你一定能突破那些卡住自己的瓶颈，跨过那些目前觉得困难重重的沟壑。

只要孩子的心灵永远亮着一盏希望的灯、爱的灯，只要他的背后有强大的支持力量，他就有足够的爱和力量去面对挫折，去成长，去发展——成为最好的自己。

养育小贴士

个人的“社会支持系统”，也称为“社会关系网”，是指个人在自己的社会关系网络中所能获得的、来自他人的物质和精神上的帮助和支援。

父母，无疑是孩子成长过程中的“重要他人”，也是最强大、有力的社会支持系统，因此，不仅要为他们提供物质上的充分保障，也要为他们提供精神上的强有力的帮助和支持。